国家语委项目"'一带一路'背景下南欧国家语言政策的话语视角研究"（项目编号：YB135-118）最终成果

南欧国家语言政策研究

郭彬彬◎著

燕山大学出版社

·秦皇岛·

图书在版编目（CIP）数据

南欧国家语言政策研究 / 郭彬彬著. — 秦皇岛：燕山大学出版社，2022.5
ISBN 978-7-5761-0335-9

Ⅰ．①南… Ⅱ．①郭… Ⅲ．①语言政策－研究－南欧 Ⅳ．①H002

中国版本图书馆 CIP 数据核字（2022）第 073494 号

南欧国家语言政策研究

郭彬彬 著

出 版 人：陈　玉		
责任编辑：宋梦潇	策划编辑：宋梦潇	
责任印制：吴　波	封面设计：刘馨泽	
出版发行：燕山大学出版社 YANSHAN UNIVERSITY PRESS	地　　址：河北省秦皇岛市河北大街西段 438 号	
邮政编码：066004	电　　话：0335-8387555	
印　　刷：英格拉姆印刷(固安)有限公司	经　　销：全国新华书店	

尺　　寸：170mm×240mm　16 开	印　　张：10	
版　　次：2022 年 5 月第 1 版	印　　次：2022 年 5 月第 1 次印刷	
书　　号：ISBN 978-7-5761-0335-9	字　　数：135 千字	
定　　价：45.00 元		

目　　录

绪　　论

一、研究背景

2013 年习近平总书记首次提出共建"一带一路"倡议，其中，语言政策研究是当代中国"一带一路"语言与文化传播策略的重要抓手。2019 年 3 月，习近平总书记与意大利总理孔特在罗马正式签署政府间关于共同推进"一带一路"建设的谅解备忘录，意大利成为七国集团（G7）第一个正式加入"一带一路"倡议的西方发达国家。西班牙作为一个统一的多民族国家，官方语言是西班牙语和加泰罗尼亚语。意大利和西班牙两国在语言政策制定、多民族语言和谐共生、语言冲突与保护、全球化、语言民族主义、移民语言政策等领域有着丰富的经验和研究成果。

随着"一带一路"倡议在欧洲的全面推进，中国和南欧逐渐成为利益共同体、责任共同体和命运共同体。在这样的背景下，双方急需进一步相互了解、理解和信任。目前国内对南欧的研究大多停留在宏观层面，有关语言学及语言政策的研究相对滞后。因此，本书以意大利和西班牙为代表的南欧国家语言政策为对象，从语言政策的话语研究路向（DALP）出发进行研究，具有很强的现实意义。本书团队成员大多有在南欧国家工作或留学的经历，拥有意大利语、西班牙语语言学的专业背景，在文献研究和调研等方面具有一定优势，希望通过团队的努力，为我国的南欧语言政策研究贡献力量。

　　语言作为人类最重要的交际工具和思维工具，是人类生活中不可或缺的组成部分。个人或集体都有选择在私人或公共场合使用语言的权利。不管语言使用人口数量的多少、适用地区的大小，语言的地位都是平等的，应该被同等对待。语言更是人类在政治、经济、军事和社会生活中惯用的战略手段[①]。国别语言政策与规划可以通过语言规划的角度来解读。各个国家由于历史背景、社会与文化及经济发展水平的不同，其政府对国家语言所采取的立场、态度也不尽相同，其语言选择、语言维护和复兴进程也不尽相同[②]。不同的语言选择也导致了各国语言政策的差异性。因此，语言政策的研究带有浓厚的国别色彩。研究一个国家的语言政策和规划，是了解该国语言使用情况、语言背后所蕴含的文化、意识形态和价值取向的重要途径之一[③]。深刻解读各国政府语言相关的立法、条例和规定，可窥探其语言间的关系是否和谐，进而探究语言关系背后所蕴含的民族关系与身份认同等问题。和谐的语言关系及平衡的语言生态可以促进民族团结平等、社会稳固发展，对维护国家安全、保障新时期的国家利益来说至关重要[④]。发挥语言的积极作用，制定正确的语言政策，对社会和谐稳定、经济繁荣发展大有益处。

　　此外，语言作为一种资源，是人类社会非物质文化遗产的重要组成部分，因此，保护语言的多样性和保护生物种类的多样性一样，具有十分重要的意义[⑤]。分析一个国家的语言生态环境，解读其语言转用、语言消亡、语言濒危、语言接触的过程，可探究其语言间的关系是否和谐、各种语言是否还葆有活力和具备社会功能，以此也可窥探其语言族群间的地位是否平等、语言族群关系是否和谐。

---

① 戴曼纯：《国别语言政策研究的意义及制约因素》，《外语教学》，2018，39（3）：6。
② 周庆生：《国外语言规划理论流派和思想》，《世界民族》，2005（4）：53。
③ 戴曼纯：《国别语言政策研究的意义及制约因素》，《外语教学》，2018，39（3）：6。
④ 孔江平，王茂林，黄国文，麦涛，肖自辉，杨锋：《语言生态研究的意义、现状及方法》，《暨南学报（哲学社会科学版）》，2016，38（6）：3。
⑤ 蔡永良：《语言规划与政策的语言文化生态观》，《语言政与规划研究》，2014，1（2）：14。

二、研究现状

（一）国外相关研究动态

语言政策是一种意识形态的显现，是对语言和语言使用者的意识形态进行构造、承载（Transports）和再语境化（Barakos & Unger，2016：2）。话语分析，特别是批评话语分析（Critical Discourse Analysis，简称 CDA）也关注如何透过话语，分析其隐含的权力、认同和意识形态等问题。将语言政策与话语分析相融合，即语言政策与规划研究（Language Policy and Planning，简称 LPP）与 CDA 的整合分析模式（Barakos，2016），将语言政策作为一种社会和话语实践，把 CDA 的最新研究成果和方法应用到语言政策研究中，形成了语言政策的话语研究路向（Discursive Approaches to Language Policy，简称 DALP）。DALP 是近年来语言政策研究的新趋势，逐渐形成了一套较为完善的理论体系、研究方法和分析框架（Barakos & Unger，2016）。在当前"一带一路"倡议的背景下，中国与欧洲国家在政治、经济、文化等领域的交流取得了丰硕成果，"一带一路"沿线国家语言政策的话语研究成为一个重要的研究课题。

在国外，语言政策的话语研究路向（DALP）是语言政策与规划研究的热点。近年来，语言政策研究出现了明显的"批评"转向，DALP 对语言政策及其实践进行语篇、语境和社会历史层面的分析，挑战主导意识形态和规范假设（Barakos & Unger，2016）。CDA 作为研究话语的一个发展阶段，自 20 世纪 70 年代兴起至今，形成了一套完善的理论分析框架。CDA 关注语言及其背后表达的意识形态关系，旨在研究社会中的不平等现象是如何通过语言来表现的，探索语篇背后的意识形态和身份作用的方式，以最终消除社会不平等现象（Van Dijk，2001：352）。话语分析的"批评认知"转向是 CDA 进入 21 世纪以来最重要的发展方向之一（辛斌、高小丽，2013），从批评认识的视角对语篇进行解读是目前国外 CDA 研究的前沿和热点。因此，就具体研究方法而言，CDA 研究的一些主流和最新研究方法，都可以应用到语言政策研究中，如：以 Reisigl 和 Wodak 为代表的话语历史研究路径（discourse-historical approach，简称 DHA）研究方法；以 Fairclough 为代表的辩证－关系研究方法（Dialectical-Relational）；以 Van Dijk 为代表的社会－认知（Sociol-Cognition）的研究方法，阐述语篇中民族歧视和不平等的问题，构建了话语、认知和社会的分析框架；以 Hart（2008，2011）、Chilton（2005）为代表的认知语言学和发展心理学的研究方法等（Resigl & Wodak，2009；Hart，2014）。

语言政策与规划历经六十余载发展，已经成为一个独立的研究领域。这一领域的研究内容可具体分为以下几个方面：第一，语言政策与规划的概念界定，豪根（Haugen，1959）在研究语言规范化问题中首次使用语言规划，此后豪根（Haugen，1972）以及其他很多研究者从不同角度给出了各自的定义，如陶力（Tauli，1968），伊士曼（Eastman，1983），耶努德（Jernudd，1991），格林（Grin，1999）等。第二，语言政策与规划的理论研究，如费什曼（Fishman，1974），库珀（Cooper，1989），托勒夫森（Tollefson，1991），菲利普森（Phillipson，1992）等多位学者就语言政策及语言规划的模型提出自己的观点；纳西尔（Nahir，1997），亨伯格（Homberger，1990）等学者提出语言政策与语言规划的目标在于语言本体的标准化、正字化和现代化；21 世纪以来，李圣托（Ricento，2000），彭尼库克（Pennycook，2003）等学者则强调了语言政策和规划中对意识形态、生态和语言主体的研究将进一步推动这一领域的理论发展；巴尔道夫（Baldauf，2010）则阐释了语言规划的主体及其分类；另有一些学者致力于利用多学科方法来研究该领域的问题，如苏雷什·卡纳加拉哈（Suresh Canagarajah，1993）主张民族学的方法有助于人们更好地理解语言在语言政策影响下在社会生活中的作用，科林·贝克（Colin Baker，2001）的心理－社会方法旨在揭示个体语言态度与语言政策影响之间的关系，唐·卡特赖特（Don Cartwright，2004）的地理语言学方法则用于评价语言政策和特定群体的民族语言活力之间的关系；肖哈米（Shohamy，2009），露丝·沃达克、克里斯托夫（Ruth Wodak，Kristof，2018）等人的研究则丰富了语言政策与规划的评估体系。第三，语言政策与规划的实践研究，根据卡普兰、巴尔道夫（Kaplan & Baldauf，1997）等人的研究成果，这一领域的研究又可划分为三个维度，即宏观研究，可参考巴尔道夫（Baldauf，1998），艾米（Amy，2015），泰勒、弗朗西斯（Taylor & Francis，2016），史蒂芬（Stephen，2018）等；中观研究，主要指语言的保持、维护与复兴，可参考埃默里（Amery，2001），威利（Wiley，2016）等，特伦斯、奥菲利亚（Terrence、Ofelia，2016）；微观研究，具体指学校、社区、家庭、各行业等众多单位中的语言政策与规划问题，该领域的研究可参考科森（Corson，1999），卡纳加拉哈（Canagarajah，2005）等。

（二）国内相关研究动态

21 世纪初，我国许多学者纷纷主张 CDA 需要引入认知视角（如辛斌，2007、2012；张辉、江龙，2008；张辉、张天伟，2012；田海龙，2013；周红英，2014；汪徽、张辉，2014），建议成立批评认知语言学这一跨学科研究领域（参见张辉、江龙，2008；周红英，2014；汪徽、张辉，2014），将CDA 与认知语言学融合，从批评认知的视角研究社会与话语之间的关系。这与国际上 CDA 的前沿研究相吻合（参见 Wodak，2006；Stockwell，2007；Chilton，2005；Hart，2008、2011）。

随着语言学研究的发展，语言政策与规划研究（LPP）作为一门交叉学科，需要根据不同的内容，选择不同的研究范式和方法。目前国外的 LPP 研究路径主要有历史－语篇、政治理论、法律和媒体等，不同的研究路径会侧重不同的研究方法（张天伟，2017）。语言政策的话语研究路向（DALP），将

LPP 与话语分析相融合，成为近年来语言政策研究的新趋势。DALP 的理论基础包括批评语言政策、话语－历史研究、社会识别理论等，研究方法主要是以批评话语研究的主流方法，同时与民族志的研究方法不断融合。目前，我国语言政策的话语研究尚处于起步阶段，在本体描写、建构过程、理解过程以及话语分析框架等方面都还存在很大的研究空间。

我国语言政策与规划研究虽起步较晚，但正处于快速发展期，研究内容也可以总结为以下四个方面：第一，学术史梳理与理论研究，如李宇明（2008），陈章太（2005、2010），赵守辉、张东波、谢俊英（2012），郭熙（2013），沈海英（2014），李英姿（2016）等学者对我国语言政策与规划的发展变迁、理论构建及实施进行分析与评估。第二，本国语言政策与规划研究，可细分为国家语言政策规划研究，如道布（1998）、周庆生（2013）、王向豫（2014）、李海英（2015）等；语言教育政策，如张治国（2011），曹迪（2011），张艳丰（2013），杨金龙、梅德明（2016），刘成萍（2016），王烈勤（2017），沈骑（2017）等分别关注了我国外语教育政策与规划方向、双语及多语教育模式等；语言生活及语言保护，如郭友旭（2009）、陈卫亚（2013）、黄行（2014）、周晓梅（2017）等。第三，区域国别语言政策的介绍性、对比及借鉴性研究，如阮西湖（2001），蔡永良（2002），刘汝山、刘金侠（2003），刘汝山、鲁艳芳（2004），周庆生（2001、2011），戴曼纯、贺战茹（2010），田鹏（2010），戴曼纯（2011），周玉忠（2015），王辉、王亚蓝（2016），刘亚玲（2018），王烈勤（2019）等学者对世界主要国家和地区的语言政策及语言规划进行梳理，对其语言政策的特点进行总结并指出其借鉴价值。第四，生态语言学和语言经济学等跨学科研究，如徐佳（2010），黄国文、辛志英（2013），苗兴伟（2019）等认为语言多样性与生物多样性息息相关，并指出维持语言生态平衡、拯救濒危语言的重要性；张忻（2007），张卫国（2012），吕世生（2015），何莲珍、张惠玉（2017），刘国辉（2018）等探讨了语言的经济价值及语言与经济增长的关系，以及在该视域下探讨商务英语、专门用途英语的学科建设。

就南欧国家语言政策与规划研究而言，国外研究历时久，以本土学者的研究著述居多，研究关注点主要有以下四个方面：第一，语言立法与少数群体语言保护政策研究；第二，语言政策与多语教育及外语教育；第三，多语主义视角下的语言政策研究；第四，移民语言研究与语言政策。整体来看，南欧国家语言政策与规划研究的对象既有单个国家，也有区域性研究。研究视角除了多语主义、民族主义、语言权利、语言地位，也包括从认同角度解读语言政策等。

总体来看，与国外研究相比，国内关于南欧国家语言政策与规划研究还尚未形成体系，研究论文寥寥无几。从语言政策和规划角度出发，有必要从广度和深度方面对南欧国家语言政策展开研究。通过文献梳理我们发现：第一，语言政策与规划研究作为语言学研究的新兴领域，方兴未艾，研究成果数量丰硕，主题研究多样，视角学科多元，在理论研究和实践应用研究方面取得了一定成就；第二，区域国别语言政策与规划研究多停留在介绍层面，缺少从语言政策角度出发进行的语言政策本体、建构及应用研究，而对南欧国家语言政策的研究寥寥无几。通过梳理南欧国家包括意大利和西班牙在内的语言政策相关文献，对南欧多民族、多文化、多语言的现状进行调查和分析，我们发现在处理官方语言和少数群体语言的关系上，南欧国家语言政策呈现出不同趋势，但最终目的都是通过语言政策实施执行其国家权力，维护国家安全，稳固民族团结。

在上述背景下，本书立足于南欧国家语言政策的实际，分析当前南欧国家语言政策研究所面临的问题、机遇和挑战，关注南欧国家语言政策的话语建构，研究当代南欧国家语言政策的影响和发展方向，为我国"一带一路"语言政策研究提供语言佐证、策略建议和现实路径。

三、理论基础与研究意义

（一）理论基础

语言政策与规划

语言规划与政策研究（LPP）作为一种社会语言实践活动，其存在历史悠久。从世界范围看，可追溯到中世纪的欧洲，彼时罗马教会极力推崇古拉丁语的研究及使用，通过净化语言的方式来维护其神权统治；我国历史上秦始皇统一六国采取的"书同文"政策，同样可被认为是语言政策的一种实践。现如今，语言政策作为一个国家或地区的语言文字管理的核心部分，是当下语言学的热点话题。

著名语言学家斯波尔斯基在其《语言政策》一书中提到第一本关于"语言政策"的著作出现于 1945 年[①]。豪根（Haugen）在其著作《当代挪威语规划》中首次提出语言规划这一概念，将其定义为"一种准备规范的正字法、语法和词典的活动，旨在指导非同质言语社区中的书面和口头语言应用"。此后，豪根将语言规划进一步定义为"对语言变化的评价"[②]，此后又指出语言规划是"一个言语社区建立目标、政策和过程的活动"[③]。此后又有很多研究者从不同的角度给出了各自的定义。所谓语言政策，是指政府根据对某种或某些语言所采取的立场、观点而制定的相关法律、条例、规定和措施，体现了国家或社会团体对语言问题的根本态度。从某种意义上说，语言规划就是语言政策。

语言政策可以是显性的，也可以是隐性的[④]，前者指国家宪法或法律（包

---

① Spolsky B. Language Policy. Cambridge：Cambridge University Press，2004：11.

② Haugen E. Language planning，theory and practice. Stanford：Stanford university press，1972：161.

③ Haugen E. Language planning，theory and practice. Stanford：Stanford university press，1972：287.

④ Wiley T G. Language planning and policy. Shanghai：Shanghai Foreign Language Education Press，2001：103-147.

括地方法律、法规）规定的有关语言的官方政策，涉及国家通用语、民族语言、外语等方面的政策；后者指非官方实施的语言惯例、措施等，如通过规定或实际采用某种语言作为政府工作语言、法律语言、宗教语言和媒体语言，或在入学、就业等方面提出语言要求[①]。显性语言政策往往体现为政府层面的语言规划，主要包括语言地位规划、语言本体规划及语言习得规划[②]。由此不难看出，显性语言政策的制定者一般是中央或地方政府的专职部门，语言工作者可为相关决策部分提供建议；隐性语言政策的制定者则一般是教育、就业等各类机构甚至是民间用人单位的管理者。

然而，关于语言规划与语言政策的概念还在不断发展，现阶段对这两个概念定义的转变呈现以下特征：从工具观到资源观的转变；从结构主义到后现代主义的转变；从实用主义到语言人权的转变；从语言问题到语言生态的转变；从简单的语言学领域逐渐向社会学、人类学、政治学等其他学科靠拢。本研究是结合语言学与文化人类学领域的理论和方法来完成的。

（二）研究意义

1. 理论意义

本书从批评认知的视角进行语言政策的话语分析，对"南欧国家语言政策话语"的本体、建构、理解和分析框架进行系统的研究，提出当代南欧国家语言政策话语分析的理论构想和策略建议，有助于从 DALP 的视角丰富"一带一路"语言政策研究的学术谱系。

2. 实践意义

语言政策研究是当代中国"一带一路"语言与文化传播策略的重要抓手。南欧在中欧关系中扮演着重要的角色，习近平总书记 2019 年 3 月与意

[①] 胡明勇，雷卿：《中美语言政策和规划对比研究及启示》，《三峡大学学报（人文社会科学版）》，2006，27（6）：89—93。

[②] 赖特著，陈新仁译：《语言政策与语言规划——从民族主义到全球化》，北京：商务印书馆，2012。

大利总理孔特在罗马正式签署政府间关于共同推进"一带一路"建设的谅解备忘录，由此意大利成为七国集团（G7）第一个正式加入"一带一路"倡议的西方发达国家。西班牙作为一个统一的多民族国家，官方语言是西班牙语和加泰罗尼亚语，意大利和西班牙两国在语言政策制定、语言和谐共生、语言冲突与保护、全球化、语言民族主义、移民语言政策等领域有着丰富的经验和研究成果。本书以意大利和西班牙为代表的南欧国家语言政策为对象，从语言政策的话语研究路向（DALP）出发进行研究，具有很强的现实意义。

四、研究思路与方法

（一）研究的基本思路

本书从南欧国家语言政策的话语本体研究入手，首先，对真实语料进行系统的描写，确定语言政策语篇的话题，如移民、多语制、双语教育、官方语言立法等，归纳出南欧国家语言政策话语的主要类型、特征及要素；其次，通过分析南欧国家语言政策话语的意义建构和话语理解，揭示其意义生成过程；再次，通过比较不同的语言政策文本所采用的话语策略，从宏观层面和语篇层面探求语篇生成对语言政策话语的建构过程，以及语篇接受者对语言政策话语的连贯认知过程；最后，结合语言政策文本的话语建构和话语理解，即语篇话语策略和语篇认识机制，构建南欧国家语言政策的话语分析模型，提出南欧国家语言政策话语分析理论构想和现实路径。

（二）研究方法

1. 文献研究和史料分析法

通过研读相关文献资料，对南欧国家语言的分布情况、生态特征、社会功能、活力等级进行梳理。通过整理南欧国家各国政府、机构、官方机构的文件，包括法律法规、研究报告、媒体报道、数据统计等相关文献来呈现南欧国家语言政策与规划，通过综合归纳、逻辑推理等方法对文献进行整合分析，总结其背后动因，对本书进行准确的定位，为南欧国家语言政策话语研究的分析框架以及本书研究计划的制订提供学理依据。

2. 话语分析的方法

运用认知语言学的研究方法，通过对相关语料的观察，试图发现南欧国家语言政策话语的认知机制和语篇特征。在个案分析的基础上进行理论概括，提炼出南欧国家语言政策话语分析模型。

3. 定量与定性相结合的研究方法

基于在线数据语料库，采用定量与定性相结合的研究方法，有利于我们从海量的语料中查询适合本研究的语料，建立小型专门语料库，同时也便于本研究进行量化分析和统计，探究不同语言政策文本所采用的话语策略，为构建语言政策话语分析理论提供更有力的甚至是典型的依据。

4. 比较研究法

包括历时与共时对比：一方面，追溯南欧各国语言政策的历史演变，研究其发展脉络及阶段性特征；另一方面，对比现阶段南欧各国由于政治主张、意识形态的差异导致的不同的语言选择和语言政策。结合当前南欧国家语言政策的实践，通过对南欧国家语言政策文本的话语分析进行比较，尝试归纳出不同南欧国家在话语建构方面的共性与差异。

五、研究内容与框架

（一）研究对象和研究目标

本书主要从语言政策的话语研究路向（DALP）出发，对南欧国家语言政策文本进行话语分析，揭示南欧国家语言政策所包含的意识形态意义。通过语料分析，探讨批评认知语言学与语言政策的整合分析模式，进而提炼出南欧国家语言政策话语分析的理论构想和现实路径。

（二）总体框架

本书考察南欧国家语言政策的现状和特点，从各类反映社会焦点问题的语言政策文本透视语言政策背后的权力、认同与意识形态关系，揭示南欧国家语言政策的话语建构与话语策略，对南欧国家语言政策的话语分析框架提出理论构想与策略建议。研究内容主要包括以下四个部分：

1. 南欧国家语言政策的本体研究

本部分以搜集到的南欧国家语言政策相关语料为基础，采用定性分析的方法，对南欧国家语言政策语篇的类型、特点和组成进行研究。初步研究表明，从类型上看，南欧国家语言政策研究可以分为静态和动态两大类，每一类又包含若干具体表现形式；从特点上看，南欧国家语言政策研究具有系统性、层次性、社会性、协同性等特征；从组成上看，南欧国家语言政策研究既可以包含 CDA 的微观语篇分析，又可以包含南欧国家在语言政策制定和实施领域的常见关系，以及语言政策中的热点问题，如全球化、多语主义、语言景观、语言经济、跨语码转换、语言冲突、语言民族主义等。

2. 南欧国家语言政策的话语建构研究

本部分从语言政策的话语研究路向（DALP）出发，即从批评认识的视角，基于批评语言政策（CLP）和社会识别理论（social identification）的整合分析方法，研究南欧国家语言政策的话语意义建构问题。研究以文本分析为切入点，确定语篇的宏观话语策略，包括合理性（legitimization）、表征和强制说服策略，试图从宏观上分析和解释语言政策的"话语"和"批评"特征，探究 LPP 过程背后深层次的政治、经济、文化等动因以及反映出的权力与意识形态关系。通过对具体语料进行分析，归纳出语篇语法的实现方式，分析语篇的互文性（Intertextuality）、互语性（Interdiscursivity）和传信性（Evidentiality），进而探究南欧国家语言政策话语的意义建构模式，更好地从话语视角探讨人类能动性与社会构建语言意识形态的相互关系，为解读南欧国家语言政策的话语意义建构提供借鉴和启示。

3. 南欧国家语言政策的话语分析

本部分从分析具体的语言政策文本入手，重点突出语言保护与语言传播。本部分语言政策的文本分析主要包括：（1）南欧国家语言立法与语言保护情况；（2）南欧国家移民语言政策及现状；（3）南欧国家双语、多语教育情况。本部分从批评认知视角对语言政策文本进行分析，阐释南欧国家语言政策的语篇类型、话语的理解过程，即语篇接受者如何将语言政策话语理解为一个连贯的整体并形成对国家语言政策的认知，以及话语策略分析。在语言政策的文本分析中，多维度、动态地解读南欧国家语言政策，以期对国家语言政策的话语分析起到一定的启示作用。

4. 南欧国家语言政策的成效分析

本部分紧密联系当代南欧国家语言政策实例，结合实例对南欧国家语言政策的成效进行分析。本部分内容具体包括：（1）官方语言推广的成效；（2）南欧国家语言对欧盟语言政策的影响；（3）区域性及少数语言推广的成效（西班牙语、意大利语）；（4）促进语言学习、语言保护和语言多样性的作用；（5）多语教育和多语主义战略的思考和启示。通过这些内容探讨南欧国家语言政策话语的意义建构过程，探求语言政策文本所体现的话语策略。同时，在语言实例分析的基础上，通过解析LPP过程中权力、认同和意识形态等问题，为制定和实施语言政策的概念化过程提供新的理解思路，以期为语言政策的话语研究提供新的参考。

六、研究难点及创新之处

（一）拟突破的重点和难点

1. 构建南欧国家语言政策话语分析模型

加强"一带一路"沿线国家语言政策相关研究是当前我国以语言互通促进"五通"实现的重要任务，"一带一路"背景下的话语研究与传播实践迫切需要做好理论构建工作。从语言政策与规划研究（LPP）的话语路径出发，为"一带一路"建设提供南欧国家语言政策话语分析理论支撑和决策依据，是本书的研究重点。

2. 南欧国家语言政策话语的建构过程和理解过程

在语言政策话语的建构过程中，如何运用 DALP 分析语篇的认知机制，需要通过对南欧国家语言政策自建语料库中的海量语料进行细致分析才能较好地对其进行描述。在语言政策话语的理解过程中，如何确定语篇"宏观话语策略"和语篇层面"子话语策略"，并探讨语篇背后体现的权力、认同与意识形态关系，最终构建起南欧国家语言政策的话语分析模型，是本书的研究难点。

（二）创新之处

1. 研究视角新颖

本书将语言政策与规划研究（LPP）与批评认知话语分析相结合，即从语言政策的话语研究路向（DALP）展开研究，是国外语言政策与规划研究的热点和前沿。目前 DALP 作为 LPP 的一个交叉学科研究路径，其理论基础以问题研究为导向，受社会政治、经济、国际形势、文化等多维度的影响，不断深化发展，表现出语言政策研究的新趋势。

2. **研究对象独特**

本书选取南欧国家语言政策作为研究对象,采用意大利语、西班牙语作为跨语言个案进行研究,具有独特性。将为"一带一路"沿线国家语言政策的话语分析提供新的语言佐证,研究成果可以为语言政策、话语分析、语篇语言学等学科提供参考。

3. **学术观点新颖**

本书通过对南欧国家语言政策进行多维度话语分析,具体包括:语言政策的话语本体研究、语言政策的话语建构研究、语言政策的话语理解研究,最终试图构建起"南欧国家语言政策话语分析模型",为"一带一路"背景下的语言政策研究提供新的思路和参考价值。

第一章　南欧国家的语言生态与语言机制

一、意大利的语言生态与语言机制

（一）意大利语言使用背景

意大利，全称意大利共和国（La Repubblica Italiana），是一个位于欧洲南部的资产阶级民主共和国，主体民族为意大利人，少数民族包括德意志人、斯洛文尼亚人、克罗地亚人等，外来移民主要包括罗马尼亚人、阿尔巴尼亚人和摩洛哥人。

语言是社会的语言，语言是人民的语言，考察语言背景，即应当考察一个国家与地区的人口情况。截至 2018 年，有约 6060 万人居住在意大利境内，其中 510 万为外国人[①]，占常住人口的 8.3%。[②] 进入 21 世纪以来，得益于 2002 年的 189 号法令所规定的移民正规化政策，意大利的移民人数快速增长，从 200 万增加至 500 万。而 500 万移民主要来自以下五个国家：罗马尼亚（120 万）、阿尔巴尼亚（44 万）、摩洛哥（42 万）、中国（29 万）和乌克兰（24 万），这五国移民数量占意大利移民总数的一半左右。[③]

---

① 这里的外国人指没有意大利公民身份的人，包括那些拥有居留权而无意大利国籍的外来移民和在此停留的外国人，参见：volume popolazione legale XV censimento popolazione，16.
② 参见：L'evoluzione demografica dell' Italia，01.
③ 参见：L'evoluzione demografica dell' Italia，08.

在主体民族意大利人内部，也存在数个少数语言群体，包括阿尔巴尼亚-新阿尔巴尼亚语、日耳曼语、斯洛文尼亚语、加泰罗尼亚语、克罗地亚语等语言群体。地方政府使用的少数群体语言则包括：法语（瓦莱达奥斯塔大区、伦巴第大区都灵省）、法兰克-普罗旺斯语（瓦莱达奥斯塔大区、伦巴第大区都灵省）、弗留利语（弗留利-威尼斯·朱利亚大区）、拉第尼亚语（特伦蒂诺-上阿迪杰大区博尔扎诺省）、奥克语（皮埃蒙特大区）、撒丁语（撒丁大区）。①

（二）意大利语言使用情况

1. 使用场景

2015 年，意大利国家统计局出具了新版意大利语言使用情况的报告。②该报告指出，意大利 6 岁及以上人口中有约 45.9% 的居民在家庭中使用标准意大利语，32.2% 的居民在家庭中混合使用标准意大利语与方言，14% 的居民只使用方言，6.9% 的居民使用意大利语之外的语言。

在与朋友交往的过程中，有 49.6% 的居民使用标准意大利语，32.1% 的居民只使用方言；而在与陌生人的交往中，79.5% 的居民会使用标准意大利语，与使用方言的人数相比，呈现出压倒性优势。

2015 年，该报告首次调查了工作场景中的语言使用情况：15 岁以上的居民中有 77.5% 的人完全使用标准意大利语，15.8% 的人混合使用标准意大利语与方言。

2. 年龄分层

在家庭环境中，6—24 岁的居民有 58.5% 的人使用标准意大利语；而在 65 岁及以上的居民中，使用标准意大利语的占比为 34.2%。方言的使用情况：

---

① 参见：Fiorenzo Toso.Quante e quali minoranze in Italia. https：//www.treccani.it/magazine/lingua_italiana/speciali/minoranze/Toso_quali_quante.html.

② 参见：《2015 年意大利方言及其他语言使用报告》（Report Uso italiano dialetti altre lingue 2015）。

在6—24岁的居民中，仅有6.7%的人使用方言，在65岁及以上的居民中，有26.9%的人使用方言。

在工作场景中的情况也比较类似，尽管在相同工龄下，人们普遍使用标准意大利语，但在高龄劳动者（65岁及以上）中，仍有7.2%的人使用方言，而年轻的劳动者（25—34岁）使用方言的占比为2.3%。

总体而言，在意大利，标准意大利语的使用更多在65岁以下的群体中，表现出随年龄增长，标准意大利语使用率下降，方言使用率上升的趋势。

3. 地域情况

该报告将意大利分为五个统计区，分别是意大利西北部、意大利东北部、意大利中部、意大利南部以及意大利岛屿部分（撒丁大区与西西里大区）。

在各种场景中，西北部和中部的标准意大利语的使用都十分普遍，比如，在家庭环境中，西北部61.3%的居民和中部60%的居民都会使用标准意大利语。相比之下，在意大利南部和岛屿，标准意大利语的使用并不普遍：南部只有27.3%的居民、岛屿部分只有32.9%的居民会在家庭生活中讲标准意大利语。在这两个地区，6岁以上居民中有68%的人会使用方言或混合使用方言与标准意大利语。但是从全国范围来看，使用方言的比例近年来在持续下降。

4. 母语非意大利语的使用情况

（1）外语是母语的情况

2015年，在意大利，以意大利语为母语的居民占居民总数的90.6%。这部分人群表现出了明显的年轻化特征（25—40岁居民中有16.9%属于此类群体），并且他们主要集中在西北部和东北部（分别占当地居民总数的11.5%和15.2%）。除意大利语以外，母语为外语使用人数较多的语言有罗马尼亚语、阿拉伯语、阿尔巴尼亚语、西班牙语和汉语。

（2）非母语语言作为学习语言

2015 年，意大利 6 岁以上居民中，有 60.1% 的人掌握了至少一门非母语的语言（这里包括了前面所说的外国移民，意大利语是他们掌握的一门非母语语言）。

居民对外语的掌握也表现出了明显的年轻化的特征。34 岁以下的居民中，有 80% 的人掌握至少一门外语，45—54 岁的居民中，则有 60% 的人掌握至少一门外语，而这一数据在老年（65 岁及以上）群体中仅为 26.5%（2006 年时这一数据为 20.7%）。

性别差异在居民对于外语掌握的情况中也有所体现，但不是十分明显。62.4% 的男性和 57.9% 的女性掌握至少一门外语。在 25—34 岁这一年龄层内，82.4% 的女性掌握至少一门外语，男性则为 78%；45 岁之后的年龄层内男性则多于女性。不过也要注意，在 6—24 岁的儿童和年轻人中，外语掌握方面基本不存在性别差异。

学历的高低和外语掌握情况有明显的强相关性。在 25—44 岁这一年龄层，有 96.1% 的大学毕业者掌握至少一门外语，高中毕业者则为 81.5%，初中毕业者则为 55.7%。即使是在 65 岁以上龄段，大学毕业者仍有 87.6% 的人掌握至少一门外语。

在意大利，英语有最多的学习者和掌握者（48.1%），其次为法语（29.5%）和西班牙语（11.1%）。而从使用情况来看（不考虑意大利语作为母语是外语的居民的使用情况），英语是最被广泛使用的外语（47%），法语次之（23.7%），西班牙语第三（10.3%），德语第四（6.7%）。与前几年相比，年轻人中有越来越多的人学习西班牙语（6—24 岁的人学习西班牙语的占比从 6.9% 上升到 17.7%，25—34 岁的人的占比从 9.9% 上升到 18.1%），这或许是由于近几年来意大利政府在义务教育阶段将西班牙语列入课程的缘故。

（三）意大利的国家语言机构

本章所讲的意大利的语言机构，指负责在意大利国内与意大利境外的国际社会中，承担意大利语教学、研究、推广等工作的机构，包括教育体系内的普通意大利学校，意大利教育、大学和科研部建立的两所外国人大学，以及克鲁斯卡学院与但丁学院等民间机构三部分。

1. 普通意大利学校

（1）介绍

在小学和初中阶段，意大利的各个学校会将意大利语语文课程安排为中心课程。而到了高中阶段，语言高中（Liceo linguistico）和文科 / 古典高中（Liceo classico）则会开设拉丁语与希腊语课程，同时保有大量的意大利语教学。

在意大利，教育、大学和科研部（MIUR，下文简称教育部）只负责编写教学大纲，中央政府将教材编写的权力下放给各出版社，各学校的教师也有权利选择自己认为合适的教材。在实际教学中，学校与教师往往注重将意大利语教学的理论联系实际，会设置一定的文化活动帮助学生学习意大利语。考试方面，小学阶段往往没有真正意义上的考试，从初中开始会加入会考，高中与大学的考试则是口试与笔试的结合。[①]

（2）原则

①多语主义与共同体意识

自欧盟成立以来，各成员国均在教育领域内强化联盟的共同体意识教学，由于欧盟成员复杂、官方语言众多，双语 / 多语教学同样被成员国青睐。

在意大利，教育部要求语言教育应追求有效性和多元化，主张发展多语言教育，并通过语言学习强化公民意识与共同体意识。[②] 同时，学校也在引导学生协调母语与外语的学习，并保持多元开放的语言态度，强调语言教育

---

① 张永奋：《意大利的母语教育》，《语文教育》，2007（1）：56-59。

② Saccardo D. La politica linguistica nella scuola italiana，Le lingue in Italia. le lingue in Europa：Dove siamo，Dove andiamo，2016：79-82.

对欧洲一体化的意义。[①] 欧盟也已正式提出"母语加二"的语言教育目标，主张通过 CLIL（Content and Language Integrated Learning，即语言和内容结合）的教学方法，使其主要成员国之间互相使用彼此的语言开展教学活动。[②]

②少数群体语言的保护

对少数群体语言的保护，一是指对前往意大利的外国移民群体语言的保护，二是指对意大利本土的少数民族语言的保护。

针对外国学生（意大利语作为外语的学生），教育部指示，对外国学生的语言教学有两个内容：一是保护其母语，保证其母语的出现；二是帮助外国学生学好意大利语。[③]

对本国少数民族的语言保护，则强调通过意大利内部的 CLIL 教学开展，通过在学校系统开设以少数民族语言讲授具体课程的手段来帮助少数民族群体保护语言。[④]

2. 锡耶纳外国人大学与佩鲁贾外国人大学

锡耶纳外国人大学（Università per Stranieri di Siena）和佩鲁贾外国人大学（Università per Stranieri di Perugia）是意大利负责对外语言教学和外国人赴意学习语言的两大官方机构，在推动意大利语的国际化发挥了重要作用。

一方面，他们与意大利外交部合作，召开意大利语国际交流会议，推动意大利语教学的国际交流，借此扩展意大利语的国际影响力。另一方面，两所外国人大学分别推出了 CLIS（Certificazione di Italiano Come Lingua Straniera）（锡耶纳外国人大学）和 CELI（Certificati di Lingua Italiana）（佩鲁

---

① Edvige Costanzo.Language Education（Educazione Linguistica）in Italy，An Experience That Could Benefit Europe，2003：45-48.

② Leone A R. Outlooks in Italy：CLIL as Language Education Policy，Working Papers in Educational Linguistics，2015：58-60.

③ Saccardo D. La politica linguistica nella scuola italiana，Le lingue in Italia. le lingue in Europa：dove siamo，dove andiamo，2016.

④ Leone A R. Outlooks in Italy：CLIL as Language Education Policy，Working Papers in Educational Linguistics，2015：134-136.

贾外国人大学）考试，完善了意大利语的水平测定制度，掌握了意大利语水平评定的话语权与判断权。

3. 克鲁斯卡学院与但丁学院

（1）克鲁斯卡学院

在意大利，民间语言协会会参与语言政策的讨论与制定，以更好地促进意大利语的国际化推广。克鲁斯卡学院（Crusca）的主要作用在于完善意大利语的标准化和规范化、组织意大利语的教学与研究工作。

克鲁斯卡学院与意大利外交部合作，组织一年一度的世界意大利语周。同时，克鲁斯卡学院会召开意大利语圆桌会议，资助并与意大利语研究学者展开合作。2001 年，克鲁斯卡学院与意大利外交部共同组织了世界意大利语大会，并联合意大利全国总工会和瑞士联邦，共同开展意大利语创新项目。

（2）但丁学院

与克鲁斯卡学院一样，但丁学院（La Società Italiana Dante Alighieri，SDA）也参与了外交部和教育部的语言政策制定。成立于 1889 年的但丁学院，旨在全世界范围内保护和传播意大利的语言和文化，其 401 个委员会遍布世界 60 多个国家和地区，并建立了 300 余个意大利语图书馆。它也是欧盟国家文化机构的成员，通过设立自己的资助资金和激励计划，鼓励世界各地的意大利语研究学者开展研究和合作。

同时，但丁学院于 2012 年加入了 CLIQ（意大利语质量认证）协会，并同两所外国人大学合作，研究制定统一的意大利语认证体系，解决目前意大利语等级认证分散化的问题，将评价标准与权力掌握在手中。

总体而言，意大利的政府部门负责制定语言政策和明确发展目标，而政策往往由有官方背景的学术机构和大学去执行，这既可以达成国家战略目标，又可以以文化交流的方式彰显自己的非政治性和独立性，实现意大利语国际推广效果的最大化。

（四）意大利语言政策的演进及特点

自 1861 年意大利王国成立以来，意大利的历史迄今为止可以分为三个阶段：意大利王国时期（1861—1922 年）、法西斯统治时期（1922—1943 年）[①]、意大利共和国时期（1946 年至今）。这三个阶段的意大利国情与意大利语言政策有着明显的区别和特点，是我们考察意大利语言政策演变的重要依据。

1. 意大利王国时期（1861—1922 年）

1861 年，撒丁王国国王维托里奥·埃曼努埃莱二世改国号为意大利王国，定都佛罗伦萨。1870 年，意大利王国占领罗马，并于次年 1 月迁都至此，意大利王国实现了统一。

亚平宁半岛长年分裂割据的局面，造成了大量人口处在贫困与文盲的状态，以托斯卡纳方言为基础的标准意大利语影响力甚微。"据估计，在 1860 年，只有 2.5% 的人能听懂意大利语——实际上也就是 14 世纪托斯卡纳书面语。"[②] 王国绝大多数人口仍然使用地方方言，各地之间存在很大的交流障碍。

在这样的背景下，统一与标准化便成为这一时期意大利王国语言政策的核心目标。随着《卡萨蒂教育法》的施行，国立学校在意大利逐渐发展，但效果却十分有限。"1870 年前后，超过 62% 的学龄儿童逃离了学校的义务教育。1906 年，75% 的 5 岁以上的人口，既不会说也不会写意大利语。意大利的人口不足 2200 万，却有 1400 万的人口为完全的文盲。"[③] 但是大众媒体的普及却对标准意大利语的推广起到了重要的作用，意大利的报纸行业在统一后快速发展，发行量成倍增加。[④] 但是，报纸面向的，仍然只是意大利的新

---

① 意大利在 1943—1945 年间建立了法西斯傀儡政权，但国际上统一的说法是，意大利法西斯在 1943 年投降并退出轴心国集团。

② [英] 克里斯托弗·达根著，邵嘉骏、沈慧慧译，王军审校：《剑桥意大利史》，北京：新星出版社，2017：28。

③ DE Mauro T. Storia linguistica dell'Italia unita. Bologna：Ⅱ Mulino，1963：90.

④ 李宝贵：《大利语言政策的演进及其特点》，《辽宁师范大学学报（社会科学版）》，2019：105。

兴资产阶级与资产阶级知识分子，在广大的人民面前，报纸的发行数量仍然是微乎其微的，标准意大利语只为权贵阶层所掌握。

这一时期的意大利，政府在努力推进语言的统一，但是实际上，民间的语言无政府状态还在继续，统一的语言政策和混乱的语言状况之间的矛盾十分激烈。

2. 法西斯统治时期（1922—1943 年）

1922 年，墨索里尼夺权，成为意大利王国的首相，在法西斯主义的操控下，这一时期的意大利施行极端排外与极端同化的语言政策。

在法西斯主义的意识形态下，墨索里尼将意大利国家各方面无差别完全统一作为目标，追求语言上的同质性。法西斯政府禁止一切方言出现在学校、报刊、电影、地名之中。标准意大利语被确立为唯一的教育语言和文化语言，方言则遭受被法西斯政府逐渐铲除的命运。"任何不被认为是纯粹意大利语的事物都会被谴责为不得使用与叛国的地步。"[1]

针对少数民族，法西斯政府将其视为"异类"。在特伦蒂诺-上阿迪杰大区的南蒂罗尔（一战后奥地利割让给意大利的领土，主要讲德语）和的里雅斯特的伊斯特拉半岛（一战后南斯拉夫王国割让与意大利的领土，主要讲斯洛文尼亚语，这是一种斯拉夫语），双语学校被废止，人名和地名中的非意大利语成分被替换成意大利语。日常生活中，如果居民没有将特伦蒂诺-上阿迪杰大区称呼为 Alto-Adige，而是蒂罗尔（Tirolo），那么他将面临 30 天的监禁和 20—300 里拉的罚款。

外来语被法西斯政府认为是不纯洁的，外来语替换运动也在这一时期大规模开展。由于标准意大利语中只有 21 个字母（与现代标准英语字母表相比，没有 J、K、W、X、Y 五个字母），单词中大量的非意大利字母被替换，

---

[1] Philip V. Cannistraro. Mussolini's Cultural Revolution：Fascist or Nationalist？ Journal of Contemporary History，1972：7-10，130. 转引自：Modern Italys Changing Language and Its Role in Nationalism.

如 W 被替换为 V。1938 年，意大利国家法西斯党的书记阿切雷·斯塔拉切认为意大利语中的尊称人称 Lei 和 Loro（分别指您和您们）是外来的和女性化的，应替换成更为意大利式的称呼，于是要求用 Voi（你们）来代替这两个尊称。一些源自外来语的词组也被替代，例如用 alla frutta 或者 fin di pasto 代替 dessert[①]。

法西斯政府积极利用新兴的广播和电影手段推广标准意大利语。"在法西斯统治时期，法西斯政府开展'农村广播'项目。该项目有两个特点：一是向农村提供免费的广播设备；二是广播节目具有针对性，向意大利农村地区播放语言简单、适合农民和学生收听的新闻和其他节目。在这一阶段，由于广播的兴起，标准意大利语正逐渐从精英阶层向数量更多的普通人口和农民渗透。"

3. 意大利共和国时期（1946 年至今）

1946 年，在全民公投后，共和制以微弱的优势战胜君主制，成为二战后意大利的政体。在这一时期，意大利政府实施了包容和多元的语言政策，以保护方言和少数民族语言，保护外来移民语言，保持与联盟的步调一致，积极推动欧洲共同体的语言建设和共同体意识构建。

（1）语言保护

第一，立法保护。

从中央到地方，意大利各级政府和立法机构均出台了相应的法律和法令，保护少数群体语言。《意大利共和国宪法》第 6 条明确规定："共和国以特殊法规保护各少数群体语言。"[②] 1999 年 12 月 15 日，意大利政府颁布国家第 482 号共和国总统法令——《历史少数群体语言保护框架法》（*Norme in materia di tutela delle minoranze linguistiche storiche*）（以下称框架法 482/99）。[③] 2001 年 5

---

① 李宝贵，史官圣：《意大利语言政策的演进及其特点》，《辽宁师范大学学报（社会科学版）》，2019：107。

② Costituzione della Repubblica Italiana 转引自李宝贵，史官圣，魏宇航：《意大利少数民族 语言保护政策及其启示》，《大连大学学报》，2018（39）：74。

③ 参阅：意大利共和国参议院：www.camera.it/parlam/leggi/99482l.htm.

月 2 日，意大利政府颁布了第 345 号共和国总统法令——《关于 1999 年 12 月 15 日第 482 号法律文件实施纲要》。该纲要从 11 个方面对框架法 482/99 的实施范围和具体流程进行了明确与细化，分别是："法律的实施范围；少数群体语言在幼儿园和中小学的使用；大学和学术界对少数群体语言的推动；少数群体语言在地方议会的使用；国家官方文件的出版；少数群体语言在公共行政机构的使用；少数民族姓名恢复权利的认可；专项资金处理的程序；地区及湖泊山脉名称的选择；与公共广播电视服务机构制定的公共服务合同；咨询委员会的建立和在过渡时期的规定。"[1] 框架法 482/99 还规定了语言少数群体不受其所属的语言群体的影响，享有人身安全不被侵害的权利。该法令的第 2 条明确："对语言少数群体成员的不接纳和暴力现象"是刑事禁止的。瓦莱达奥斯塔大区的《自治区管理条例》中规定："在瓦莱达奥斯塔大区内法语和意大利语地位相同。除法律条例需用意大利语编写外，其他政府条款可用两种语言中的一种编写。"[2]

特伦蒂诺－上阿迪杰大区的《特伦蒂诺－上阿迪杰大区章程》的第 11 章为"德语和拉第尼亚语的使用"，其中第 99 条规定："大区内，德语和意大利语享有同等的地位，同为国家的官方语言，意大利语是立法性质的法案和本法规规定双语起草的情况下的文本。"第 100 条规定："博尔扎诺省讲德语的公民有权在省内在与司法机关和位于该省或具有区域管辖权的公共行政机构和办事处以及提供公共利益服务的特许经营商的关系中使用他们的语言。"第 102 条规定："Fierozzo、Frassilongo、Palù、Fersina 和 Luserna 市的讲拉第尼亚语和讲 Mochene 语以及讲 Cimbrian 语的居民有权享有他们的文化、新闻和

---

① Regolamento di attuazione della legge 15 dicembre 1999 n. 482，recante norme di tutela delle minoranze linguistiche storiche. 转引自：李宝贵，史官圣，魏宇航：《意大利少数民族语言保护政策及其启示》，《大连大学学报》，2018（39）：74。

② Statuto speciale per la Valle D'aosta. 转引自：李宝贵，史官圣，魏宇航：《意大利少数民族 语言保护政策及其启示》，《大连大学学报》，2018（39）：74。

娱乐活动，并尊重族群本身的地名和传统。"①

《弗留利-威尼斯·朱利亚大区章程》对少数群体的语言保护也作出了相应的规定。其第 3 条规定："在本大区，承认所有公民的平等权利和待遇，无论他们属于哪个语言群体，同时保护其各自的民族和文化特征。"

综上所述，意大利共和国确立了一套比较完整的法律体系，从宪法和中央法律到各大区的章程，都确保了少数群体语言的历史、文化、媒体等多项权利，有效加强了对少数群体语言的保护力度，促进其健康发展，以法律和制度保障为他们的传承保驾护航。

第二，财政保护。

根据框架法 482/99 第 9 条第 2 款的内容："为有效行使第 1 款所述权力，公共行政部门还通过与其他实体的协议确保有能够使用相关语言回应公众请求的人员在场。为此，在总理和大区事务部之下设立保护语言少数群体的国家基金，从 1999 年开始，其年度预算为 9800000000 里拉。这些资源被视为最高支出限额，由总理与有关行政部门协商后每年分配。"而在今天，意大利每年为基金拨款约 1000 万欧元，为其提供财政支持。

在地方，大区政府有权在语言少数群体聚居地为其传媒出版行业提供财政拨款，用以保护语言少数群体的文化。在使用德语的特伦蒂诺-上阿迪杰大区，大区政府决定将于 2018 年年初拨出 76.9 万欧元的资金用于保护少数群体语言。其中，超过 40 万欧元将用于支持为语言少数群体提供信息的干预措施，剩余的资金将用于文化倡议、保护和培训。这一决定是由少数族裔会议期间召开的专门大会作出的。大区政府还决定采取行动支持由"欧洲民族联邦联盟（FUEN）""少数族裔安全包"推动的倡议。在这一倡议中，每个欧洲国家必须保证加强和促进少数群体语言的保护。

参阅 2018 年意大利特伦托自治省省议会语言少数群体管理局的《少数群

---

① 参阅《特伦蒂诺-上阿迪杰大区章程》的第 11 章（Statuto speciale per il Trentino Alto Adige.）http：//www.regione.taa.it/Moduli/933_Statuto2017.pdf.

体语言保护年度报告》，可发现上述资金的部分去向：① 381453.12 欧元用于支持少数群体语言信息的措施，这些措施包括：鼓励个人和家庭在日常生活中使用少数群体语言、改善信息服务的稳定性和连续性、发展从业人员的技能和建设伙伴关系网络、尝试使用新技术（互联网等）和新媒体传播少数群体语言；② 30741.00 欧元用于由省政府直接实施并在圆桌会议上商定的语言少数群体交流倡议；③ 104093.81 欧元用于对保护语言少数群体特别重要的项目和倡议，这些项目由地方行政部门、教育机构和文化机构提出并由省政府确定；④ 140000.07 欧元用于为 Comun General de Fascia（特伦蒂诺－上阿迪杰的一个山谷市镇，可以译为法萨市政府）的文化和语言政策活动提供资金。[①]

综上所述，意大利政府和议会所提供的资金支持，可以大体分为以下几种用途：①培训特定语言教师、编纂图书教材和建设伙伴关系；②支持具体的语言保护项目实施；③与文化教育机构尤其是学会和大学开展合作，进行语言研究；④少数群体语言的媒体推广与维护；⑤开展语言文化推介活动和研讨会。这些财政资金为意大利少数群体语言的保护与传承起到了极大的作用，通过推广和推介少数群体语言，扩大了其影响力，促进了其健康发展。

第三，传媒保护。

根据上文所提及的框架法 482/99，地方政府可以和意大利国家广播公司（RAI）合作，制作少数群体语言的广播电视节目。同时，1975 年第 103 号法令《公共广播电视服务法》第 6 条规定，必须为少数语言群体保留一定的电视节目和广播节目播放时间。

1997 年的 249 号法令《通信法》第 1 条规定了"资助少数群体项目的公约"，而 2004 年的 112 号法令则要求"一般公共广播和电视服务保证语言少

---

① 参阅：特伦托自治省省议会语言少数群体管理局 2018 年语言少数群体保护报告。Public Radio and Television Broadcasting Service Act of 14 April 1975, n. 103 "Nuove norme in materia di diffusione radiofonica e televisiva", Gazzetta Uffificiale n. 102, published on 17.

数群体获得节目的机会"①。

2018 年，特伦托自治省省议会语言少数群体管理局的《少数群体语言保护年度报告》显示，大区政府向广播电台 Stuidio Record 购买了 140.5 小时时长的拉第尼亚语广播节目制作和播放时间，以及 104 小时时长的第三方制作的广播节目播放时间，这些视频节目在数字频道 TML 和 YouTube 上播出。②

媒体以语言为载体，同样应当承认语言在媒体方面即公共方面的权利。意大利在媒体领域为少数群体语言制定了一系列保护措施，确认了少数群体语言在媒体方面的地位，保护了其健康发展。

（2）多元化和共同体语言教育

在欧盟"母语加二"的语言教育目标的指导下，意大利教育部也将多语主义和培养共同体意识作为语言教育的重中之重。

前文提到的 CLIL 教育便是意大利推动多元化语言教育的重要手段。初高中通过开设以法语、德语为授课语种，以历史、地理、物理等为授课内容的课程，一方面确保学生的学习符合课程大纲的要求，另一方面在课堂中加入欧盟其他国家的语言教学，在学校中培养共同体意识和联盟精神。

同时，欧盟也要求各成员国在高等教育机构中增添欧盟官方语言的学习内容，并将其贯穿到教学、研究、行政管理等各方面，渗透到高校、学系、课程、课堂各环节。③ 意大利也将这一要求贯彻实施。

---

① 参阅：意大利《大公报》2004 年 5 月 3 日公布的法案，编号为 112，《关于广播电视系统和 RAI 国家电视台安排的基本规则，以及授权政府颁布的关于广播电视的合并法案》。Act of 03 May 2004，n. 112 "Basic rulcs on the arrangement of the radio and television system and the RAI-Radiotelevisione italiana Spa，as well as delegation to the Government of the enactment of a consolidation act on radio and television"，Gazzetta Ufficiale，published on 5 May 2004 Ordinary Supplement n. 82.

② 参阅：特伦托自治省省议会语言少数群体管理局 2018 年语言少数群体保护报告。

③ 参阅：欧洲高等教育语言中心联合会《关于欧洲高等教育语言政策的立场声明》。（European Confederation of Language Centres in Higher Education，Position Statement on Language Policy in Higher Education in Europe.）

多元化也体现在移民问题上，意政府一方面要求和协助新移民学习并掌握 A2 水平的意大利语以应对日常生活；另一方面，公立学校和各社区也将移民语言视为意大利当前社会语言的一部分加以保护，各学校会确保外国学生母语的出现和存在，表现出欧盟的多元开放的联盟价值观。

（五）意大利面临的语言问题

1. 语言保护的困境

（1）大众媒体的责任缺失

欧洲委员会指出，大众传媒在定义、保存和削弱少数群体语言的动态过程中发挥着关键作用。但是同时，大众传媒的传播和它带来的文化同质化现象导致了文化多元性的削弱。[①] 虽然意大利宪法规定了少数群体的语言权利，《公共广播电视服务法》也要求媒体为少数群体语言的保护创造机会。但是实际上，这些法律并没有得到有效的贯彻和施行。因为这些法律条文在文本上更多的是以"自愿"和"主动"等字眼进行规定，高度依赖媒体和地方政府的自觉性。而 2003 年，由意大利通讯部和意大利国家广播总公司（RAI）依据法律而成立的混合委员会，并没有出台将少数群体语言引入主流媒体、制作广播电视节目的具体解决方案。[②] 政府部门对此表现冷漠，RAI 也没有什么积极举动。与此同时，《历史少数群体语言保护框架法》规定的"RAI 必须以所有语言少数群体的语言播放节目"这一条也并未得到执行。RAI 自身的服务合同的第 12 条也规定了 RAI 必须制定公约，允许大区和城市决定节目的播放语言，但这条规定同样没能得到落实。

资金上的推诿也成为少数群体语言保护道路上的另一障碍。RAI 在罗马的总部近年来从意大利政府获得了超过 1400 万欧元的资助，但 RAI 的地方分

---

① 参阅：欧洲委员会：《欧洲区域或少数民族语言宪章解释性报告》（Council of Europe, European Charter for Regional or Minority Languages, Explanatory Report, ETS No. 148.）

② Sierp A. Minority Language Protection in Italy：Linguistic Minorities and the Media, 2015.

部却缺少资金，而 RAI 的总部却没有人员负责少数群体语言广播电视节目的制作。[①] 法律规定了意大利少数语言群体的权利，却缺少实现这种权利的措施。

（2）意大利政府的态度

虽然意大利政府出台了一系列的法令和政策，以加强对少数群体语言的保护，但这些法令和政策往往只停留在纸面，难以落实。虽然要求政府每年要提供一定的拨款，但在 1999 年，意大利政府最终只拨付了 592 万欧元，地方政府的项目规划由于缺少资金而难以实现，远大目标化为泡影。[②] 1996 年，在瑞士洛桑召开的"自治、区域一体化和少数民族保护"的专题研讨会上，意大利宪法学者、欧洲委员会成员塞吉奥·巴托利则表示："语言上的少数群体不是意大利社会的一个主要问题，他们只存在于意大利的一些边境地区。"他的话也可以反映出意大利政府的态度：对少数群体的语言保护只停留于表面，实则不想过多关照。

2. 移民现象造成的语言使用问题

近年来，前往意大利的移民人数持续增长，外国居民人数从 2001 年的 130 万上升至 2011 年的 400 万 [③]，随之而来的是移民语言问题。目前，意大利并没有关于保护移民语言的法律法规，1999 年的 482 号法令——《历史少数群体语言保护框架法》规定的语言保护范围，是 12 门历史上形成的少数群体或少数民族所使用的语言[④]，并不包括最近几十年意大利的移民所使用的语

---

① Sierp A. Minority Language Protection in Italy : Linguistic Minorities and the Media，2015：79.

② 范淑燕：《意大利保护少数族群语言政策与措施的研究》，硕士学位论文，对外经济贸易大学，2011：14 。转引自李宝贵，史官圣，魏宇航：《意大利少数民族语言保护政策及其启示》《大连大学学报》，2018（39）：74.。

③ 参见：意大利国家统计局 2020 年《意大利常驻居民人口普查》统计。

④ 这 12 门语言分别是法语、奥克语、法兰克－普罗旺斯语、德语、拉第尼亚语、弗留利语、斯洛文尼亚语、撒丁语、加泰罗尼亚语，阿尔布雷西亚语（当代阿尔巴尼亚语的一个变种）、希腊语和克罗地亚语。参看"Norme in materia di tutela delle minoranze linguistiche storiche"（Law governing the protection of historical linguistic minorities），实施于 1999 年 12 月 15 日并于 1999 年 12 月 20 日意大利共和国官方公报（Gazzetta Ufficiale della Repubblica italiana n. 297 on 20 December 1999）中发表。

言。立法的缺失使得地方政府在处理本地居民与外来移民的社区生活问题时十分棘手。2004 年针对罗马市埃斯基里诺社区（Esquilino）（这是罗马市外国人居住比例最高的社区，20.4% 的居民是外国人或外国移民）的一项调查显示：在观察到的 851 个文本中（其中包括 296 个单语文本），有 197 个文本是中文。2007 年 5 月 11 日，罗马市政府和华人社区签署了一份协议，协议规定：华人社区必须改善商店的标志和设备，一定要在店面的上面安装意大利文标志，下面安装中文标志。同时，罗马市必须为华人社区的生活和融入提供便利，帮助华人学会意大利语。[①] 这样的举措是不常见的。

另一个突出的问题是跨文化教学，2006—2007 年，有超过 50 万无意大利公民身份的学生在学校上学，占在校生总数的 5.6%。1989 年意大利教育部的一份备忘录 CM 30189 首次提到了外国学生的受教育权问题。1990 年，继新《移民法》颁布后，另一份部长级备忘录指出，要在学校中开展"跨文化教育"，但这种教育更多强调文化而非语言。目前意大利仍然缺乏针对新移民群体的有效跨文化、跨语言教育。

3. 政治化和国家分裂

在法西斯统治时期，意大利语的标准化成为法西斯政府推行反动统治的工具，这使得标准意大利语被打上了法西斯的烙印。如今很多意大利人质疑标准意大利语形成的自然性和真实性，认为其缺少与意大利社会的文化和历史联系。而方言则因其与地方的天然关系而显得更加真实和自然，是一种亚文化，成了反抗主流文化和统治阶级的工具，讲方言也成了反抗威权的象征。[②]

意大利北方联盟党（Lega Nord），则将方言作为自己政治纲领的一部分。这个极右翼保守政党的目标是将意大利北方（波河平原地区）分裂独立，成

---

① Barni M：Carla Bagna，Immigrant languages in Italy.Mondadori，2018.
② Thomas A，Modern Italys Changing Language and Its Role in Nationalism，Ouachita Baptist University Scholarly Commons @ Ouachita，2015：279.

立新的国家。与此同时，北方联盟党以保护地方语言文化和反对移民作为凝聚支持者的手段，通过单方面强调意大利北方地区的文化独特性和文化身份来获取认同，给意大利的统一带来了极大威胁。

二、西班牙的语言生态与语言机制

（一）西班牙语言使用情况

西班牙有 4694 万居民，除了官方语言西班牙语以外，还活跃着多种方言及外来语言（主要使用者为外国移民）。西班牙国家宪法规定的官方语言为卡斯蒂利亚语，即西班牙语。而在西班牙的 17 个大区中，有 6 个自治区都将其他一种或多种语言与卡斯蒂利亚语一起定为共同官方语言。西班牙的语言大致可以分为四类：第一类为国家通用语言卡斯蒂利亚语，全国人民都有义务学习并且有权利使用卡斯蒂利亚语，这一语言同时也是国家的法律语言、教育语言、媒体语言等；第二类为自治大区确定的共同官方语言，包括加泰罗尼亚地区、巴利阿里地区和瓦伦西亚地区的加泰罗尼亚语，加利西亚地区的加利西亚语，巴斯克地区和纳瓦拉部分地区的巴斯克语等；第三类为自治区或自治市人民广泛认可并受到地方法律保护的方言，如阿斯图里亚地区的阿斯图里亚语、阿拉贡地区的阿拉贡语、梅利利亚自治市的塔玛齐格特语等；第四类为在西班牙境内虽被广泛使用，但没有官方地位的语言，如阿拉伯语、葡萄牙语等。由此可见，西班牙的语言体系是丰富且多样的。

根据西班牙国家统计局发布的《成年人学习情况调查报告》[1]，截至 2016 年，西班牙境内以卡斯蒂利亚语为第一或第二语言的人占总人口的 58.9%，其次分别是加泰罗尼亚语（17.5%）、加利西亚语（6.2%）、瓦伦西亚语（加泰罗尼亚语的变体）（5.8%）和巴斯克语（1.26%）。就自治大区而言，加泰罗尼

---

[1] 参见：西班牙国家统计局 2016 年《成年人学习情况调查报告》。

亚地区近 85% 的人和巴利阿里地区 63.1% 的人掌握加泰罗尼亚语，89% 的加利西亚人使用加利西亚语，瓦伦西亚地区 51.8% 的居民使用瓦伦西亚语，巴斯克地区 55.1% 的人和纳瓦拉地区 21.7% 的人说巴斯克语。

上述诸多双语地区，是由伊比利亚半岛的政治、历史、社会等因素共同造成的。自 16 世纪卡斯蒂利亚语取得优势地位后，便作为主导语言一直对其他语言施加影响，这些影响体现在语言的语音、句法和形态上，但在双语社会中这种影响显然也是双向的，这种双向影响过程的结果通常是出现混合的语言形态，例如"阿斯图里亚斯化的卡斯蒂利亚语"和"卡斯蒂利亚化的阿斯图里亚斯语"。① 在双语社会中，两种语言的共存是生活常态，以加泰罗尼亚地区为例，约半数的就业人口表示，在与同事的交流沟通中，会同时使用卡斯蒂利亚语和加泰罗尼亚语两种语言。在不同语言的相互影响下，单个语言也会受到区域、社会等各方面的影响，留下特征印记；另一方面，由于区域语言与卡斯蒂利亚语共存，将不可避免地受到卡斯蒂利亚语的影响，因此，即使在使用单一语言的情况下，人们使用的仍然是具有混合特点的语言。

加泰罗尼亚语是加泰罗尼亚地区使用的另一种罗马族语言，是加泰罗尼亚地区的三种官方语言之一，另外两种为卡斯蒂利亚语和阿兰语。1979 年，加泰罗尼亚语成为加泰罗尼亚地区的官方语言。加泰罗尼亚语的覆盖范围还延伸到巴利阿里群岛、阿拉贡东部、法国南部、阿尔盖罗和意大利的撒丁岛，在这些地区，加泰罗尼亚语有明显的地方性差异。截至 2018 年，在加泰罗尼亚地区 15 岁及以上的人口中，掌握加泰罗尼亚语的人口占比为 36.1%，卡斯蒂利亚语的人口占比为 48.6%。

随着年龄层的降低，加利西亚地区使用加利西亚语作为第一语言的人逐渐减少 ②，在 1992—2003 年间，加利西亚地区语言习惯的演变主要是单语者

---

① Gugenberger E：El castellano y las lenguas regionales en España：Bilingüismo e hibridación. La España multilingüe. Praesens Verlag，2008：31-32.

② 参见：加泰罗尼亚统计局《加泰罗尼亚地区语言使用报告（2018）》。

的增加，其中卡斯蒂利亚语单语者呈现明显的增长，从 1992 年的 10.6% 上升到 2003 年的 18.5%。加利西亚语为罗马族语言，主要在西班牙西北部的加利西亚地区使用。1981 年生效的《加利西亚自治法》承认加利西亚语为大区的共同官方语言，并且规定"每个人都有权知道和使用它"。[①] 1983 年 6 月 15 日加利西亚议会一致通过的《语言规范化法》保障和规范了公民的语言权利，特别是与行政、教育和媒体领域相关的权利。根据《公务员法》的规定，掌握加利西亚语是获得公共行政部门工作的必要条件。随着 1997 年《地方制度法》等法律的出台，加利西亚语在消费、生产领域的地位得以提升，但仍然未能实现与卡斯蒂利亚语完全平等的法律地位。根据加利西亚统计局进行的 2018 年家庭调查，加利西亚地区超过两百万人在日常生活中使用加利西亚语或者以加利西亚语为母语，加利西亚语单语者的占比从 2003 年的 42.98% 下降到 2018 年的 30.33%，卡斯蒂利亚语单语者的占比则从 2003 年的 19.56% 上升到 2018 年的 24.21%。[②]

巴斯克语又称欧斯卡拉语（Euskara），主要在西班牙东北部的巴斯克和纳瓦拉两个自治区以及法国西南部使用，巴斯克语区有约 75 万人使用该语言。2016 年，西班牙境内巴斯克语区有 3131464 名居民[③]，有 28.4% 的人掌握了巴斯克语，16.4% 的人略知巴斯克语，55.2% 的人不说巴斯克语。由于行政管理与法律的区别，巴斯克语的使用也存在显著差别：在巴斯克自治区，33.9% 的人讲巴斯克语，而在纳瓦拉地区该比例为 12.9%。随着年龄层的降低，掌握巴斯克语的人数增加。截至 2016 年，16—24 岁年龄层掌握巴斯克语的比例达到了 55.4%，与 1991 年的 22.5% 相比实现了极大的增长。巴斯克语区人民对于推广巴斯克语呈现出积极态度，在巴斯克语区 16 岁以上的人口中，有 55.8% 赞成推广巴斯克语，28.2% 既不赞成也不反对，反对人数占比则为

① 参见：加利西亚自治法第五条第二点，原文如下："todos teñen o dereito de os coñecer e de os usar."
② 根据加利西亚政府网页信息整理而得。参见：https://www.xunta.gal/tema/ c/Cultura.
③ 参见：巴斯克自治区政府《巴斯克地区第六次社会语言调查》。

16%。1991—2016 年，人们对推广巴斯克语的支持态度不断增强。

阿兰语（或奥西坦语）也是一种罗马族语言，主要在巴列－德阿兰（西班牙加泰罗尼亚莱里达省的一个县）、摩纳哥和意大利的一些地区使用。阿兰语与加泰罗尼亚语密切相关，两者具有共同的语言特征和起源。在 2010 年加泰罗尼亚议会宣布阿兰语为加泰罗尼亚官方语言之前，阿兰语在西班牙一直被认为是一种方言。2006 年通过的《加泰罗尼亚自治法》正式确立了阿兰语在加泰罗尼亚全境的官方地位，此后，加泰罗尼亚议会于 2010 年通过法律，确立阿兰语作为加泰罗尼亚地区的共同官方语言地位。根据加泰罗尼亚政府 2018 年发布的语言使用情况调查，巴列－德阿兰 83.3% 的成年人可以理解阿兰语，73.5% 的人懂得阅读阿兰语，60% 的人懂得说阿兰语，45.8% 的人懂得书写阿兰语，与 2008 年的相关数据相比，分别增长了 5.1%、14.1%、3.3% 和 14.1%。[①] 这一增长主要可以归因于相关政策的实施，加泰罗尼亚地区各年级的义务教育都教授阿兰语，自 1984 年以来，阿兰语也一直被用作巴列－德阿兰的通用教育语言，巴列－德阿兰各地的村庄标识以及道路名称都使用阿兰语。

（二）西班牙主要语言机构

西班牙现行宪法的出台不仅象征着西班牙政治、经济、文化生活的巨大变化，同时，还在宪法中确立了卡斯蒂利亚语的官方语言的地位。新民主时期的西班牙政府为了维护卡斯蒂利亚语的规范性、纯洁性和完整性，防止在使用和演变过程中出现语言误用、语言变化等问题[②]，同时为了不断促进和扩大卡斯蒂利亚语的国际影响力，提高其国际地位，西班牙政府成立了专门机

---

① 根据加泰罗尼亚政府《加泰罗尼亚地区人口语言使用情况报告（2018）》信息整理而得。

② De Barbara Cock，Instituciones españolas de cara a la difusión de la lengua. Con atención particular a la situación en Bélgica，Estados Unidos y Canadá，Bulletin hispanique，2008：110．

构，主要负责卡斯蒂利亚语的规范使用及在全球范围内的推广。

1. 西班牙皇家语言学院

西班牙皇家语言学院（Real Academia Española）是一个受法国学院模式启发而建立的皇家官方教育机构，在贵族胡安·曼努埃尔·费尔南德斯·帕切科·苏尼加的倡议下，于1713年菲利普五世统治时期在马德里成立。学院的最初章程体现了其宗旨，即为西班牙语服务。自成立以来，学院一直致力于开展活动、出版语法书、编撰辞典等，旨在确保西班牙语在不断演变的过程中能够被正确使用。1993年批准的现行章程规定，学院的基本目标是"确保西班牙语在不断适应使用者的需要的同时，保护其基本的统一性"①。自1951年西班牙语言学院协会成立以来，西班牙皇家语言学院开始参与制定相关语言政策。它与位于美国、墨西哥、阿根廷等国家的共23所西班牙语学院通力合作，致力于制定西班牙语词典、语法和正字法方面的标准。

2. 西班牙语言学院协会

西班牙语言学院协会（Asociación de Academias de la Lengua Española）是1951年在墨西哥创建的一个协会，由世界上现有的23所西班牙语学院组成。其常务委员会位于西班牙马德里。现行章程第2条规定，西班牙语言学院协会"具有《西班牙语学院协会多边协议》所承认的国际法律地位，该协议于1960年在波哥大签署，随后被18个以西班牙语为官方语言的国家批准"②。自成立以来，西班牙语言学院协会的宗旨："为西班牙语的统一、完整和发展而努力，因为它是西班牙语社群最丰富的共同遗产。"协会和常务委员会的主席由西班牙皇家语言学院院长担任。常务委员会还包括秘书长（由大会选举产生，任期四年），财务主管（由西班牙皇家语言学院任命）和至少两名成员（由各学院轮流推荐）。

---

① 参见：西班牙皇家语言学院官网。https://www.rae.es/la-institucion/la-rae.
② 参见：西班牙语言学院协会章程。https://www.asale.org.

3. 西班牙辞书学学院

西班牙辞书学学院（Escuela de Lexicografía Hispánica）是西班牙皇家语言学院和西班牙语言学院协会的下属机构，该学院的运作由西班牙皇家语言学院和西班牙语言学院协会共同负责。西班牙辞书学学院的基本目标是培养能够在各国西班牙语学院中致力于词典编撰的词汇学家。根据《西班牙语学院协会条例》第 21 条规定，为了促进泛西班牙语政策的推广，学院协会可以对拥有大学学位的年轻人在特定科目和学术工作以及技术方面开展培训活动。[①] 辞书学学院目的是通过建立合作网络以相同的方法培训专业人士，促进各国学院进行不同主题的语言学项目的合作，这些主题包括字典、语法、正字法和西班牙语语料库等。因此，西班牙辞书学学院被认为是执行泛西班牙语言政策最有力的行动工具之一。

4. 塞万提斯学院

塞万提斯学院（Instituto Cervantes）成立于 1991 年，以传播西班牙语为主要目标，其宗旨在于促进推广西班牙语的教学、研究和使用，并且关注西班牙语国家和民族的共同语言和文化遗产，传播西语国家文化，致力通过语言传播塑造和投射国家形象，促进文化、经济和商业的交流，为建设一个基于相互理解的知识世界作出贡献。[②] 目前，除了位于马德里和埃纳雷斯堡的两个总部之外，塞万提斯学院还在全球 4 个大洲的 45 个国家境内的 88 个城市开设了分院。[③] 塞万提斯学院隶属于西班牙外交部，董事会的名誉主席为西班牙国王，执行主席为西班牙首相，董事会成员包括外交部部长、教育文化部部长、塞万提斯学院院长、西班牙皇家语言学院院长、获得"塞万提斯"文

---

① 参见：西班牙皇家语言学院章程。https://www.rae.es/sites/default/fifiles/2020-09/Estatuto% 20 ELH.pdf .

② 参见：塞万提斯学院创立法序言，原文如下：Ayudan a perfifilar y proyectar la imagen del país en el mundo，favorecen los intercambios，incluso los económicos y comerciales，y contribuyen a la construcción de un mundo basado en relaciones de com- prensión y de conocimiento mutuos.

③ 参见：西班牙塞万提斯学院官网。www.cervantes.es.

学奖的作家等来自西班牙和西班牙语美洲语言文化界的杰出代表。[①] 塞万提斯学院的主要职能包括开设普通西班牙语课程，特定领域西班牙语课程（如针对孩子、旅行者、教师、医务人员的语言课程），组织西班牙语水平认证考试（Diplomas Oficiales de Español Como Lengua Extranjera）并颁发证书，开设对西班牙语教师的培训课程，推动教学方法的革新，为西班牙语语言文学研究者的研究活动提供支持，与其他机构合作组织文化活动等。学院还开设有关西班牙语文化的各种主题的课程，并与艺术馆、画廊、出版社及中国、西班牙、拉丁美洲的其他文化机构合作，组织各类文化活动，如拉美文学和电影鉴赏、葡萄酒研讨会等。

塞万提斯学院的教学人员必须熟练掌握西班牙语，并且要有西班牙语语言文学学位，但是西班牙国籍并不是硬性要求。塞万提斯学院的文化和教学活动也融入了以西班牙语为母语的非西班牙籍人群的语言和文化，并在教学传播过程中将整个拉丁美洲世界的文化和语言视作一个整体。塞万提斯学院的课程计划以总部为参考，但每个分院都将根据国家和地区的差异，更改所用语料和课程设置。

塞万提斯学院于 1997 年设立了虚拟中心（Centro Visual），世界各地的西语学习者都能不受时间地点限制访问该中心。虚拟中心提供各类西班牙语学习资料、西班牙语语言文化课程等，并且为访客提供寻找语伴的平台。虚拟中心凭借其内容更新快、访问不受限等优势，推动了西班牙语的传播。学院还于 2002—2003 年开设了虚拟西班牙语教室项目（Aula Virtual de Español），提供线上的一般西班牙语课程，或作为远程学习的资源，或作为线下课程的补充。塞万提斯学院同样也提供共同官方语言如加利西亚语、巴斯克语、加泰罗尼亚语及其相关文化的课程。共同官方语言作为一种文化和政治元素融入塞万提斯学院的各种线下活动、会议和文件中。

---

① 参见：塞万提斯学院创立法。La ley de creación del Instituto Cervantes. https //www.cervantes. es/imagenes/File/normativa/creacion.pdf.

（三）西班牙语言政策演进及特点

1. 前西班牙时期（前 218—1492 年）

西班牙历史开始于伊比利亚史前期，大约在 35000 年前现代人类已经进入了伊比利亚半岛。扬帆而来的腓尼基人、希腊人和迦太基人先后在伊比利亚半岛定居。他们所使用的腓尼基语、古希腊语、迦太基语及其他一些前罗马时期的语言，都在后来的西班牙语中留下痕迹。前 218 年，罗马人入侵半岛，并统治这片区域 200 多年。在这期间，为了加强对半岛的管控，罗马人采取了一系列的政策和措施，如在当地建立学校、推广罗马语言文字，并在帝国内强调语言的统一、限制土著语言的使用、压制土著语言的发展等。到罗马帝国后期，帝国内部已基本使用拉丁语。随着罗马帝国的瓦解，拉丁语也逐渐演变为各种罗曼语族的语言，包括卡斯蒂利亚语（即西班牙语）、法语、意大利语、葡萄牙语等。

4 世纪起，日耳曼诸部落先后在伊比利亚半岛建立帝国。日耳曼族的一支，西哥特人，在此建立了西班牙的第一个统一政权：西哥特王朝。但由于内乱和外侵，西哥特王朝不久便灭亡了。在语言使用上，由于统治时间较短，西哥特人没能将日耳曼语在王朝内普及。711 年，阿拉伯人和柏柏尔人穿过直布罗陀海峡，入侵并征服了几乎整个伊比利亚半岛，在长达近 8 个世纪的统治里，独立的伊斯兰国家相继建立，而阿拉伯语也作为国家的官方语言及教育语言，逐渐在各个领域取代了西班牙语。

由于不堪忍受摩尔人①的统治，西哥特王朝的残余势力及基督教势力逐步联合，在西班牙的中部和北部形成了阿斯图里亚斯王国、莱昂王国、卡斯蒂利亚王国、阿拉贡王国等。这些王国时有分合，并从西班牙北部的坎塔夫里亚山区及比利牛斯山区向南推进，开展驱逐阿拉伯人、收复失地的运动。1479 年，卡斯蒂利亚王国和阿拉贡王国合并，共同开展了驱逐阿拉伯人的斗

---

① 西班牙语：Moro 在西班牙多用来指入侵伊比利亚半岛的穆斯林居民，即柏柏尔人和阿拉伯人。

争。直到 1492 年，这两个王国才最终打败阿拉伯人在西班牙建立的最后一个王国，成立了西班牙王国。作为光复战争的主力军，卡斯蒂利亚王国及其语言脱颖而出，最终成为西班牙的通用语言，也就是现如今我们所称的古西班牙语。

2. 西班牙王国时期（1492—1873 年）

随着西班牙的统一，天主教双王，即卡斯蒂利亚女王伊莎贝拉一世和阿拉贡国王费尔南多二世夫妻宣布卡斯蒂利亚语为西班牙的官方语言。随后，卡斯蒂利亚语被广泛用作宗教语言、司法语言、教育语言等，也因此在西班牙境内迅速传播。同时，卡斯蒂利亚语也逐渐取代其他语言，成为社会各阶层的生活用语。1492 年出版的《卡斯蒂利亚语语法》对该语言的规范起到了举足轻重的作用，这也使得该语言成为当时伊比利亚半岛最为规范的语言。同年，哥伦布在天主教双王的资助下，发现了美洲新大陆。随着西班牙世界霸主地位的确立，卡斯蒂利亚语也在西班牙王国征服的土地上得到推广和普及。

在西班牙殖民者到达美洲大陆之前，那里存在并使用着成百上千种原住民语言。起初，西班牙王室向殖民地推广西班牙语只是为了满足传播宗教的需求[1]。1535 年，时任国王卡洛斯一世下令向印第安贵族及其子女传授西班牙语，除宗教目的外，同时也方便这些土著贵族协助王室管理当地人。1550 年，卡洛斯一世再次下令，所有的印第安人都必须学习西班牙语，以便更好地理解基督教教义。随后的西班牙国王菲利普二世及其子孙，都坚持了以卡斯蒂利亚语化（Castellanización）为主的语言政策。他们在殖民地设立学校，编撰教材，旨在加强并规范西班牙语在殖民地的教与学。菲利普四世在位期间（1621—1665 年），一方面督促基督教神父必须学习印第安语，另一方面则在1634—1636 年间，几次下令要强化针对印第安人的西班牙语教学。

卡洛斯二世（1665—1700 年在位）上台后，强化了校舍的建设。他下令"要在所有的印第安人聚居区建立学校，派遣老师，教授当地印第安人西

---

① 杜雯：《阿根廷语言政策与民族关系研究》，《语言政策与语言教育》，2020（2）：25。

班牙语。在人口密度大的社区，建立两个学校分别对青少年和成人教学"①。1714 年成立的西班牙皇家语言学院及随后在各个殖民国家建立的皇家语言学院分院，对西班牙语的标准化及普及化起到了重要作用。1768 年，卡洛斯三世颁布了《阿兰达法》，规定殖民地与西班牙一样，其行政管理领域和教育领域均使用西班牙语②。法律颁布时，在殖民地的西班牙人还很少，仅仅过了 30 多年（1800 年），美洲大陆的西语人口就猛增到了 1700 多万，远超当时伊比利亚半岛 1000 万左右的西语人口③。卡洛斯三世时期的这一法令，也是西班牙王国成立之后首次在立法层面规定西班牙境内及殖民地都施行单语制④。但事实上，这一政策也遭到了一些拉丁美洲及西班牙各地区人民的反对，因此，西班牙境内的巴斯克语、加泰罗尼亚语、美洲大部分地区的印第安语都得以保存并使用至今。

3. 共和时期（1873—1975 年）

19 世纪初，法国入侵西班牙，战争使西班牙议会流亡至加迪斯。1812 年，加迪斯议会创立了第一部现代西班牙宪法，即 1812 年西班牙宪法。在这部宪法中并没有提到国家的官方语言及地区语言。随后几十年间，这部宪法经历数次修订与增补，但都没有关于国家语言的规定。虽在地位规划方面没有任何进展，但在 18—19 世纪，西班牙语与其他西班牙的地方语言最大的区别在于前者经历了标准化及现代化的规范，使其可以被应用在社会的各个领域，而其他地方语言并没有经历相似的过程。至 19 世纪末，除了西班牙语以外，西班牙境内有文字语言的只有加泰罗尼亚语。

西班牙第一共和国在成立不到两年的时间（1873—1874 年）就被颠覆，

---

① LLope Blanch，Juan M. La lingüística española del Siglo de Oro，1986：28.
② Moreno-Fernández Francisco. Las variedades de la lengua española y su enseñanza. Las variedades de la lengua española y su enseñanza，2010：1-259.
③ 曹羽菲：《西班牙语小史》，上海：上海外语教育出版社，2020：89。
④ De Solano Francisco. Documentos sobre política lingüística en Hispanoamérica（1492-1800），1991（32）：78.

君主专制制度复辟。至第二共和国成立前夕（1931年），西班牙政局多年处于动荡不安当中。1898年，西班牙在与美国的战争中败下阵来，丧失了古巴、菲律宾等最后几个殖民地，国势更是一落千丈。此时一些青年作家形成一股新的创作思潮，表达对西班牙现状和未来的担忧，企图靠创作挽救危局，这些作家后被称为"九八年一代"。而这些作家中的代表大多来自沿海地区，且均是西班牙地方语言的使用者。在这些民族文学家的带动之下，地方语言及其研究中心逐渐发展起来，如在1907年成立了加泰罗尼亚语研究中心，以推广和传播加泰罗尼亚语言文化及其学术研究为主要目的；1918年，举办了第一届巴斯克语研究大会等。这些学会和研究所的成立与创办，对西班牙地方语言的本体规划、习得规划、传播与发展，都起到了至关重要的作用。

第二共和国的成立催生了西班牙1931年宪法的诞生。宪法中首次明确卡斯蒂利亚语为国家语言的官方地位，同时确立了该语言的共通性、普遍性及强制性。与此同时，地方语言的使用和推广也受法律保护，这一多语言共同发展的理念与"九八年一代"的思想不谋而合。当时社会上出现两种倾向，一是激进派所倡导的"国家民族主义"，他们强调语言的同一性，而另一方倡导的"地方民族主义"则更偏重于多样性的发展。[1] 1936年，西班牙内战爆发，佛朗哥在内战中夺取了全国政权，从而开始了30多年的独裁统治。为了进一步强化国家统一及民族统一，佛朗哥政府采取了单语制。但值得一提的是，佛朗哥政府并未在宪法或其他法律中对西班牙语的语言地位作出明确规定，也从未采取过强硬的语言政策来遏制或边缘化其他语言，因此，西班牙的地方语言才得以传承与发展。

4. 民主时期（1975年至今）

1978年西班牙宪法是现行的基本法，也是1931年宪法精神的延续。宪法第3条规定：卡斯蒂利亚语即西班牙语为国家官方语言，所有西班牙人都有

---

[1] Moreno-Fernández Francisco. Planifificación de la lengua española. Revista Canadiense de Estudios Hispánicos，1994：515-528.

熟悉并使用它的义务和权利；西班牙的其他语言，根据各自治区的法律规定是否为各自治区的官方语言；西班牙的各种语言形态均为文化财富并受到特别的尊重和保护。此外，国家还规定，在使用地方语言的地区，中小学教育必须使用西班牙语教学，在保证西班牙语教学的基础上，可使用本民族语言作为补充。从西班牙的宪法规定及语言使用的实际情况可以看出，西班牙是一个多民族、多语言、多文化的国家。

从语言规划视角来看，1978 年西班牙宪法是西班牙语语言地位规划的重要举措，除确保其官方语言地位之外，还承认并保护在非卡斯蒂利亚语地区使用当地语言的权利与义务，这对地方语言的保护和推广意义重大。此后，西班牙六个自治区先后颁布自治区法，强化语言自治。在语言本体规划方面，西班牙皇家语言学院是西班牙最重要的语言本体规划机构，负责西班牙语的规范化与标准化工作。该学院通过编撰辞典、编写语法书对西班牙语的语音、词汇、语法制定标准。同时，拉丁美洲各国家的西班牙语学院与西班牙皇家语言学院一脉相承，共同策划完成西班牙语词典的编纂和语料库的更新。西班牙皇家语言学院为世界范围内西班牙语的规范及统一奠定了扎实的基础，维护了西班牙语的纯正性。在语言习得规划方面，塞外提斯学院是对外进行西班牙语教学与师资培养的主要机构，其主要职能包括：组织不同种类的西班牙语课程；组织世界范围内的西班牙语等级考试，并颁发证书；组织西班牙语教师培训，革新教学方法；组织选拔并向各个分院派遣西班牙语教师；组织开展西班牙语语言学、语言教学研究；组织开展有关文化传播或语言传播的活动；对西语学者提供支持；等等[①]。

从语言推广视角来看，西班牙语使用的国家和地区在逐步增多，使用人口也在逐年增加，这与西班牙近年来所推行的"泛西班牙主义"不无关系，即承认西语地区的多语共存以及各种西班牙语变体的存在，以期让西班牙语

---

① 陆经生，陈旦娜：《语言测试与语言传播：以西班牙语全球传播战略为例》，《外语教学与研究》，2016，48（5）：748。

在全球语言竞争中立于不败之地[1]。为此，塞万提斯学院分院的成立完全取决于西班牙全球发展的政治需要[2]。同时，西班牙外交部、教育文体部给予其必要的资金和物质支持。在西班牙的积极推动下，各西语国家遵循同样的语言管理模式，彼此之间以语言为纽带连接，不断强化西班牙语的主导地位与社会职能来增强民众的语言意识及语言忠诚度，并以此来增进不同民族、不同国家之间的凝聚力。可以说，"泛西班牙主义"语言政策极大地促进了西班牙与西语国家的联合，并使它们以一个整体的形象出现在激烈的全球化竞争中与英语国家抗衡。据西班牙塞万提斯学院年报[3]统计，全球以西班牙语为母语的人口共有 4.93 亿，世界人口的 7.5% 是西语人口，使用者人数已经达到 5.91 亿。预计到 2060 年，美国将仅次于墨西哥，成为使用西班牙语的第二大国家，学习西班牙语的人口数量占比将为 27.5%。

（四）西班牙的语言立法及存在问题

西班牙 1978 年宪法的颁布是西班牙语言规划进程中的一个重要转折点，除规定了国家和地区的语言的官方地位以外，也承认了国家存在的其他民族语言的地位，对多语社会模式的构建起到了重要作用。在此基础上，1979 年，西班牙分别在加泰罗尼亚自治区、巴斯克自治区通过了《加泰罗尼亚自治区法》《巴斯克自治区法》作为宪法的补充，并在地区法中特别说明本地区语言作为联合官方语言的地位。如果说西班牙国家层面的语言政策是隐性的，那使用地区语言的自治区则大多采用显性的语言政策，如加泰罗尼亚政府于 1982 年通过了《加泰罗尼亚规范法》，对公共场所、教育、媒体中的语言使用都作出了详细规定，同时，学校可以使用加泰罗尼亚语授课、开设加泰罗尼亚学习课程等；与此类似，同年颁布的《巴斯克语规范法》和《加利西亚

---

[1] 曹羽菲：《西班牙语小史》，上海：上海外语教育出版社，2020：131。
[2] 参阅：Spanish Foreign Language Communication Policy and Implications，Communication & Education Review，5：75.
[3] 参阅：《塞万提斯学院 2021 年年报》。

语规范法》则分别对巴斯克语和加利西亚语的使用问题作了细致规定。由于各地区政府对语言的态度不同，一些使用地方语言的地区并未在地方法律中说明地方语言的官方地位，如在卡斯蒂利亚－莱昂大区，虽然人们也广泛使用加利西亚语，但该地区的法律并未提到加利西亚语的官方地位，因此加利西亚语不是该地区的官方语言。除地区语言之外，卡斯蒂利亚语的语言变体也在不同自治区内受到官方层面的推动和保护，广泛应用于地方政府和机构、媒体、学校等场所，被视为当地人的身份象征。

由于国家和地方政府分别采取了隐性和显性的语言政策，导致民主时期西班牙的语言问题集中表现为地区高度语言自治导致双语地区民众身份认同的不完全统一。语言具有身份构建的功能，如部分巴塞罗那人为彰显自己的民族身份而仅使用本民族语言即加泰罗尼亚语，完全拒绝使用卡斯蒂利亚语；同时，语言也具有地域壁垒功能，地方政府采取较为激进的双语政策时，单语使用者将在双语地区面临就业困境、入学困境等诸多问题。总体来说，西班牙现如今的高度自治源自对佛朗哥政权的反弹，在新民主制度的保障下，西班牙左翼政治势力大力倡导语言文化的多元来促进民族团结。然而实际上，随着民族主义思潮的不断发展，文化语言的多元政策又为国家内部带来了分裂的隐患。从语言交际功能来看，西班牙的国家官方语言可作为通用的交际语言；但从语言身份的构建来看，不论是西班牙国家政府的语言政策还是地区政府的语言政策，都不利于在国家内部形成统一的身份认同。

第二章 南欧国家语言政策的话语分析

本章从具体的语言政策入手，分析语篇所体现的南欧国家语言政策现状，如语言立法、移民语言政策、双语教育政策等，重点分析语言保护与语言传播政策的相关案例。本章内容主要包括以下几个方面：（1）南欧国家语言立法与语言保护情况；（2）南欧国家移民语言政策及现状；（3）南欧国家双语、多语教育情况。拟从批评认知视角对语言政策文本进行分析，阐述南欧国家语言政策的语篇类型、话语的理解过程，即语篇阅读者如何从宏观上理解该国的语言政策。

一、意大利少数群体语言保护政策的概况与启示

意大利作为多民族、多文化、多方言的国家，其政府在制定语言政策的过程中经历了不同的历史阶段，意大利对官方语言的推广及对少数群体语言的保护也逐渐形成了系统的法律体系，有诸多可取之处值得我们学习。本节通过梳理意大利语言政策的历史演变、意大利少数群体语言保护政策和发展现状，为南欧国家语言政策相关研究提供意大利语言例证。

（一）意大利少数群体语言的概念及缘起

在经济全球化与文化多元化的背景下，少数群体语言的保护和发展越来

越受到世界各国的普遍关注。语言是人类在政治、经济、军事和社会生活中惯用的战略手段（戴曼纯，2018：6）。少数群体语言不仅是少数群体日常生活的交际工具，也是民族文化的载体，更是国家的宝贵财富（哈正利、杨佳琦，2012）。在保护少数群体语言方面，各个国家由于历史背景、社会文化及经济发展水平的不同，所采取的政策和措施也呈现出差异性。因此，少数群体语言政策的研究带有浓厚的国别色彩。深刻解读各国政府语言相关的立法、条例和规定，可窥探其语言间的关系，进而探究语言关系背后所蕴含的民族关系、身份认同等问题。意大利对少数群体语言的保护已经形成了一套法律体系，通过语言立法保护少数群体语言，维护少数群体语言权利，在促进意大利语言和谐、健康发展，促进民族融合与团结等方面，取得了显著的成绩。本书通过梳理对意大利少数群体语言保护的政策与措施，分析政策实施的效果，对南欧国家语言政策研究提供新的语言例证。

（二）意大利的民族与语言概况

1.意大利的语言使用现状

意大利全国划分为 20 个大区，其中包括 5 个因少数民族、历史遗留、地理位置偏远等原因设定的自治区。现代意大利民族，是古罗马拉丁民族长期与伊特鲁里亚人、拉丁人、伦巴第人、希腊人、阿拉伯人、哥特人等族群相融合而成的。意大利共和国宪法第 6 条规定：共和国以特定法规保护少数群体语言[①]。少数群体语言指的是母语不同于以国家官方语言为母语的群体使用的语言。需要说明的是，少数群体语言使用者还包括方言使用者、母语非意大利语的移民和外国居留者。意大利语言政策概念中的"minoranze linguistiche"译为"少数群体语言"而非"少数民族语言"有两点原因：一是意大利宪法并无明确条文对其国民进行民族划分，并未对"少数民族"进行

[①] 依据意大利共和国宪法第 3 条：共和国以特殊法律保护少数群体语言。（La Repubblica tutela con apposite norme le minoranze linguistiche.）

界定；二是这样翻译可以避免忽略方言、移民和外国居留者使用的语言。这是全面理解和分析意大利语言政策的重要前提之一。

意大利的官方语言是由佛罗伦萨方言演化而来的标准意大利语。意大利集中了欧洲最丰富的语言资源，据不完全统计，意大利目前仍有20—35种被经常使用的方言，除了意大利现代移民所使用的语言外，意大利境内人口使用的方言均属于印欧语系，其中大多数方言属于罗曼语族（Lingue Romanze），还有少部分属于日耳曼语族（Lingue Germaniche）、斯拉夫语族（Lingue Slave）和阿尔巴尼亚语、希腊语等其他语族。意大利国家统计研究所最新的统计数据显示，2015年6岁及以上人口中有约45.9%的人主要使用意大利语，32.2%的人既使用意大利语也使用方言，只有14%的人主要使用方言，6.9%的人使用其他语言。

2. 意大利语言使用现状的历史溯源

自罗马帝国覆灭，意大利就始终处于混乱与分裂之中。14世纪亚平宁半岛上邦国的数量甚至超过了1934年时整个世界所有国家的数量。直到1861年意大利王国的建立，才结束了半岛在政治上的分裂状态。统一后的意大利将标准意大利语定为官方语言。1861年，能够说标准意大利语的人数只占总人口的2.5%，文盲占总人口的70%（在意大利南部这个数字达到90%），国家的教育系统也处于瘫痪状态（S. Van der Jeught，2016）。一战结束后，随着《圣日耳曼昂莱条约》的签订，原奥地利的南蒂罗尔（即今天的特伦蒂诺）被割让给意大利，这一地区使用德语的人口至今仍占大多数。同时，里雅斯特（今天的弗留利－威尼斯·朱利亚大区首府）也归为意大利领土，这使得意大利增加了一部分母语为斯洛文尼亚语的人口。意大利统一前长期处于分裂状态，各种政治实体与城市国家经历过频繁更迭的外国统治，因此不同地区的人们保持着使用不同方言甚至不同语言的习惯。

二战后意大利在全国范围内普及电视，这对推广和传播标准意大利语起到了关键作用。1954年1月3日，意大利广播电视公司（RAI）开始向公众提供电视广播服务。RAI 是当时意大利唯一的广播电视公司，从 1954 年到 1976 年间，播出节目以宣传与娱乐为主，对推广和普及标准意大利语起到了促进作用，主要体现在：第一，通过推广和普及一种简洁且规范的语言框架，提高学校对意大利语语法的教学，加强国家对语言的控制；第二，为受众提供标准的发音参照，RAI 节目的播音员和主持人都经过了专门的语言课程训练，为受众提供良好的发音范例，随着这种发音规范的普及，意大利语言学家编撰出版了《正字法和发音词典》，这是目前最完整的意大利语拼写和正字词典；第三，节目都用标准意大利语播出，受众不会受到方言的影响。

在电视普及的最初阶段，意大利社会方言使用率和文盲比例都很高（1951 年时方言使用人口占比 63.5%，文盲率约为 13%）。RAI 播出的节目为意大利民众熟悉标准意大利语、丰富词汇量和规范发音提供了重要渠道。

（三）意大利不同历史时期的语言政策

1. 意大利王国时期的语言政策

1861 年意大利王国的建立标志着意大利实现了统一。在国家建立之初，通用语言的标准化对稳定政治秩序和增强国民认同感至关重要。因此，通过制定相应的语言政策以确保境内全体国民充分理解法律，保证国家官员和教师正常投入工作成为当务之急（S.Van der Jeught，2016）。为此，当时许多政治家与知识分子展开了激烈讨论。1868 年，亚历山大·曼佐尼（Alessandro Manzoni）向时任教育部长提交了题为《语言统一与传播方式》的报告，报告中提到只有佛罗伦萨方言可以承担起在全国范围内有效传播并作为标准通用语言普及的重任，由此确立了佛罗伦萨方言作为标准意大利语的地位。然而，在较长一段时间内，使用标准意大利语的人数依旧不多，因此借由学校教育，报纸、广播等媒体传播方式开展大规模普及意大利语的运动势在必行（Robustellia，2017）。但由于民众受教育基础薄弱、识字率低，政府也未出台系统的意大利语普及政策，意大利王国时期意大利语普及政策收效不明显。

2. 法西斯统治时期的语言政策

一战后的法西斯统治时期，贝尼托·墨索里尼（Benito Mussolini）在意大利全境实施了严苛的意大利语化（Italianizzazione）政策，包括对非意大利语地名、非意大利语姓氏以及专有名词进行意大利语化，避免使用外来语，关闭双语学校，禁止在学校中教授外语等措施。这一时期，意大利政府以地方方言和外国语言会对中央权威造成破坏为由，实行语言同化政策，迫使方言使用者和外语区人群放弃原有的语言使用习惯，仅使用意大利语（S.Van der Jeught，2016）。

3. 意大利共和时期的语言政策

二战后意大利进入共和国时期，意大利众议院于 1999 年 12 月 15 日出台了意大利第一部少数群体语言保护法，即第 482 号法律文件《历史少数群体语言保护框架法》（框架法 482/99）。在意大利共和国宪法中，涉及语言的条款只有第 3 条和第 6 条，其中第 3 条是基于语言等因素的不歧视条款[①]。而框架法 482/99 主要是为执行意大利共和国宪法第 6 条中"共和国以特定法规保护少数群体语言"而制定的，框架法中第 2 条承认了阿尔巴尼亚语、加泰罗尼亚语、德语、希腊语、斯洛文尼亚语、克罗地亚语、法语、普罗旺斯方言、弗留利语、拉丁语、奥克西唐语和萨丁语等 12 种语言的法律地位，这 12 种语言的使用人口分布在 14 个大区的 1171 个城市中[②]。可以说意大利是西欧国家中法律承认少数群体语言最多的国家（Aline Sierp，2008）。

框架法 482/99 的制定在一定程度上是对法西斯时期意大利政府高压极端语言政策的纠正，体现了意大利对历史语言文化遗产的尊重和保护，反映了

[①] 依据意大利共和国宪法第 3 条：所有公民不分性别、种族、语言、宗教、政治见解、个人 和其社会条件，都有平等的社会尊严，在法律面前一律平等。（Tutti i cittadini hanno pari dignità sociale e sono eguali davanti alla legge，senza distinzione di sesso，di razza，di lingua，di religione，di opinioni politiche，di condizioni personali e sociali.）

[②] 数据来源：意大利教育部官网《历史少数群体语言保护框架法》。https：//www.miur. gov.it/lingue-di-minoranza-in-italia.

意大利与过去法西斯历史一刀两断的态度（S.Van der Jeught，2016）。框架法 482/99 对少数群体语言的保护涉及范围广，法律条款较为详细，以下是对该框架法内容的归纳解读。

（1）少数群体语言区域的划定方法

框架法 482/99 中详细叙述了划定受法律保护的少数群体语言区域的标准和方法。其中第 2、3 条提道：若要确定其他少数群体语言成为受本法保护的少数群体语言，须至少征得该市 15% 在册登记的选民和居民或 1/3 市政议员的同意。若这两个条件都不符合，如果居民根据该市法规，经过具体协商表示赞同提议，也可开始执行相关程序。

事实上，这种地方性的保护仅限于几个由于历史原因使用少数群体语言的地区（S. Van der Jeught，2016）。几个世纪以来，许多少数族裔在意大利境内定居，各种复杂的历史事件导致这些民族的语言、文化传统和社会经济状况各不相同。在边境地区，有一部分居民与邻国居民有着共同的文化和语言（比如瓦莱达奥斯塔存在德语、拉丁语和斯洛文尼亚语居民），他们在传统定居区享有不同程度的行政自主权，文化和语言也以不同的形式被保护。但还有一部分因历史原因遗留在意大利的外国族裔，他们聚居的区域遍布意大利全境（如阿尔巴尼亚裔、希腊裔、佛朗哥普罗旺斯裔、加泰罗尼亚裔、克罗地亚裔和奥克西唐裔），这些族裔人数较少而且分布较为分散，无疑增加了对相应少数群体语言进行立法保护的难度 [1]。

框架法 482/99 建立的是一种潜在的少数群体语言保护机制，真正发挥其保护作用的主体实际上是地方各级政府，往往是市政级别或更小一级的政府。一般来说，执行法律的相关部门并没有义务报告该框架法的具体执行情况，因此很难评估它的实际效用。各地语言保护措施的成效，可能会因其实际给予不同少数群体语言的保护力度的不同而大相径庭。欧洲委员会咨询委员会

---

[1] 参阅：意大利教育部官网（Ministero dell'Istruzione）https：//www.miur.gov.it/lingue-di-minoran zain-italia.

（The Council of Europe Advisory Committee）指出该框架法"以一种非常不对称的方式保护和实现少数群体的权利"，而且"不是所有的少数群体都在平等基础上受益"。

（2）关于学校使用法律保护少数群体语言的规定

根据意大利宪法第 6 条"共和国以特定法规保护少数群体语言"，意大利在一些自治区和自治省建立了特殊的教育系统，以确保各少数族裔社区的语言及其教学的存续。如瓦莱达奥斯塔大区使用的法语，特伦蒂诺－上阿迪杰大区使用的德语和拉丁语，以及里雅斯特省使用的斯洛文尼亚语。在此基础上，框架法 482/99 扩大了少数群体语言的保护范围，以充分执行宪法的规定。其中第 4 条规定，在使用受法律保护的少数群体语言的地区，幼儿园阶段除了教授儿童意大利语，还要为他们提供参与少数语言教育活动的机会；在小学阶段和初中一年级，少数群体语言还要充当教学语言的角色。此外，第 6 条规定相关大区的大学在其普通预算拨款范围内，可主动开设少数群体语言和文化课程，以促进科学研究和文化教育活动。

（3）关于大众传媒使用和保护少数群体语言的规定

框架法 482/99 第 12 条规定，使用受法律保护的少数群体语言的各地方当局，可与意大利公共广播和电视服务的特许经营商（也就是 RAI）拟订特别合约，使用少数群体语言制作节目。然而现实中这一法律的执行情况并不理想，只有博尔扎诺自治省（德语和拉丁语）、瓦莱达奥斯塔大区（法语）和弗留利－威尼斯·朱利亚大区（斯洛文尼亚语）存在用少数群体语言制作节目的情况，而以意大利其他几个少数群体语言为主要语言制作的节目尚未出现。至于造成这一局面的原因，一定程度上是由于一些少数群体语言社区散布在意大利诸多行政区，而不同行政区的法律规定有所不同，使得积极保护少数群体语言在实际推行时十分困难。此外，部分少数群体语言的使用多以口头表达为主，加上其语言存在变体，也对这些语言在日常生活使用和书面传播方面造成了障碍（Aline Sierp，2008）。

此外，框架法 482/99 还提议对少数群体语言所在地区的城市名称进行保护，允许少数群体语言使用人口恢复其在法西斯统治时期被禁用的姓氏，对少数群体语言在国外传播以及区域间合作的情况作出规定，并较为详细地说明了对少数群体语言保护有关的财政政策。

（四）意大利少数群体语言保护法存在的问题与思考

1. 框架法 482/99 存在的问题

（1）框架法 482/99 对少数群体语言的认定偏重历史因素

框架法 482/99 中的"历史"二字强调了除上文提到的德语、斯洛文尼亚语以外，其他多种少数群体语言在意大利的存续都可以追溯其历史原因。例如，瓦莱达奥斯塔大区[①] 通行法语，因该地曾较长时间隶属于萨沃伊王朝[②]，1536 年法语被确立为当地的官方语言，甚至比法语在法国被确立为官方语言的时间还早了 3 年。再如，阿拉贡王国从 1325 年到 18 世纪统治撒丁岛，因此岛上至今仍有部分居民使用加泰罗尼亚语。此外，在自阿布鲁佐的亚平宁山脉地区向南到西西里岛的广大地区，分布着阿尔巴尼亚语的使用人群，这是因为拜占庭帝国灭亡后，一些阿尔巴尼亚人定居到西西里岛，在过去的 500 年中，这些地区的人们一直使用阿尔伯雷什方言（阿尔巴尼亚语的一种方言）。他们之所以能够保留自己的语言，是因为他们作为东正教基督徒极少与当地大多数天主教人口交流（S. Van der Jeught，2016）。而框架法 482/99 的这一特点也使其受到诟病：这部法律只关注"历史"遗留的少数群体语言，却忽略了"新的"由于移民等因素形成的少数群体语言（Robustellia，2017）。

在这部分"新的"由于移民等因素形成的少数群体语言中，意大利的移民社区问题十分突出。20 世纪末意大利从移民输出国转为移民输入国，大量

---

① 瓦莱达奥斯塔大区：（意大利语：Valle d' Aosta），位于意大利西北部，是意大利的五个自治区之一。
② 萨沃伊王朝是欧洲历史上著名的王朝，曾统治萨沃伊公国、撒丁王国，也是 1861—1946 年统治意大利王国的皇室。

海外移民来到意大利，因此，新移民带来了新的语言问题。首先，新移民不使用或者很少使用意大利语。为了融入意大利社会，新移民更倾向于用自己的母语搭建语言社区，在其母语社区生活，用母语出版报刊。其次，各移民社区语言使用习惯不同，很难做到统筹规划。尽管意大利政府积极采取措施，规范移民语言的使用，在吸收和借鉴邻国经验的基础上，积极开展移民语言规划。比如，意大利政府积极保护移民语言在社会语言中的位置，丰富各类学校外语教学中的外语语种，推动意大利新移民语言从被社会"零认知"或"鲜为人知"到"广为人知"，但还未从法律上承认这些移民语言属于"少数群体语言"并受到相应的法律保护。

（2）法律保护少数群体语言在地区上存在不平衡性

虽然框架法 482/99 承认 12 种少数群体语言的特殊地位，但事实上这些少数群体语言并没有得到同等程度的保护。特伦蒂诺－上阿迪杰大区[①]的德语群体被给予最高重视，其次是瓦莱达奥斯塔大区的法语群体，以及弗留利－威尼斯·朱利亚大区[②]的斯洛文尼亚语群体，对这些群体给予较高程度的保护无疑是对法西斯统治时期政策的补偿（S.Van der Jeught, 2016）。在这方面，意大利还受第二次世界大战后一些国际协定的约束，例如《格鲁伯－加斯佩里协定》[③]规定了博尔扎诺自治省的居民和邻近的特伦托省使用德语的城镇居民拥有与使用意大利语的居民完全平等的权利。

2. 对框架法 482/99 的几点思考

（1）维护少数群体语言权利，促进多民族和谐共生

在意大利境内，各民族的文化相互影响，多种文化相互吸收，不同文化

---

① 伦蒂诺－上阿迪杰大区：（意大利语：Trentino-Alto Adige），是意大利最北部的大区，大区下设特伦托和波尔扎诺 2 个自治省，大区首府是特伦托市。

② 弗留利－威尼斯·朱利亚大区（意大利语：Friuli-Venezia Giulia），位于意大利东北部，是意大利的 5 个自治区之一。

③ 《格鲁伯－德加斯佩里协定》是奥地利外交部长卡尔·格鲁伯和意大利总理阿尔西德·德·加斯佩里于 1946 年 9 月 5 日签署的一项双边条约。该条约受国际法的认可。

的融合促进了意大利的民族和谐。近年来，在联合国的积极倡导下，各国家本土语言的保护意识明显加强，大环境的变化也为意大利少数群体语言的发展提供了新的契机。因此意大利政府在推行语言政策的过程中，重视维护语言和文化的多样性，充分考虑多民族多文化的现状。在现有意大利少数群体语言保护政策的基础上，增加了涉及少数群体语言的多语种教育，促进多语言、多文化、多民族和谐共生的局面。同时，加强与其他国家的合作，共同探讨对少数群体语言进行保护的策略和经验，在意大利少数群体语言数量众多但分布零散且流动相对固定的局面下，促进多语言、多方言相互融合，使其不会在发展中消亡。

（2）保护语言多样性，提升语言传播能力

意大利的语言政策非常重视少数群体的语言教育权利。国家推行双语教育，开设了大量少数群体语言学校。框架法 482/99 明确了意大利语作为国家通用语的官方地位，在本土实行单语制语言规划，保证了意大利语不会被少数群体语言取代。例如，框架法 482/99 第 7 条规定市议会的议员可使用少数群体语言，但议会中如有任何成员不懂该语言，则必须提供意大利语翻译，且只有使用意大利语编撰的公文和决议才拥有法律效力。单语制的语言规划有利于促进国家社会经济的发展，但过于强硬的语言政策往往会损害语言多样性，对语言生态平衡造成威胁。为避免这种情况出现，政府应加强财政资金支持，提高对偏远地区少数语言的保护力度。同时，针对易被忽略的语言，应汇集社会和学界力量进行保护。例如，组织专家和学者收集语料，编撰词典、语言使用手册、双语教材等，为少数群体语言的规范化作出贡献。此外，在制定和实施保护少数群体语言的政策时，政府的工作效率也有待提高。在大众传媒领域，意大利广播电视公司（RAI）应丰富已有少数群体语言节目的种类和数量，对未开通节目的语言使用群体增设节目频道，同时在法律层面进一步规范包括意大利广播电视公司（RAI）在内的各大媒体对少数群体语言的保护措施。

（3）加大财政投入，对少数群体语言提供专项支持

少数群体语言既是一种语言资源，也是一种社会、文化资源。虽然意大利已经建立了一套完整的保护少数群体语言的法律体系，但是由于行政效率低下，国家财政支持受限，对少数群体语言保护的许多项目缺少资金支持，使得很多相关措施无法实施。因此，我国应汲取意大利对少数群体语言保护的经验与教训，在政策实施的过程中，设立专款专项用于保护少数民族或少数群体语言，对资金来源和使用进行严格、细致的规划，在管理和审批程序方面明确职责，提高办事效率，保证资金的合理使用。

意大利是一个统一的多民族国家，其少数语言群体长期共存局面的形成有着复杂的历史渊源。从全球范围来看，意大利社会在语言与民族关系方面并无明显冲突，尽管在不同时期不同的族群之间存在一些矛盾，但不可否定的是意大利的民族关系整体是和谐且稳定的，从未有过大的民族冲突及战争。但由于少数群体语言自身发展的历史和分布呈现出不同的特点，因此语言政策对不同少数群体语言的保护力度也存在明显差异，呈现出政策保护和执行不对称的特点。语言政策作为民族政策的一个重要部分，它的正确与否直接关乎民族团结和国家安全。从意大利少数群体语言保护政策的个案中不难看到，坚持语言地位平等有利于社会稳定和谐发展。意大利语言政策偏重对历史因素的考量，法律保护少数群体语言在地区上的不平衡性，容易造成少数群体语言发展水平的相对固化。对此，语言政策的制定和执行应当充分考虑各种少数群体语言的发展权利，同时有必要提升公众对于少数群体语言的认知度，改变民众对少数群体语言缺乏认知的现状，力求最大限度地争取公众对相关法律政策的支持，增强少数群体语言使用者的语言认同感、民族认同感和国家认同感。

二、意大利移民语言现状与语言政策

意大利的语言和意大利一样拥有丰富、悠久的历史。现代意大利的官方

语言是意大利语，有超过 5900 万人使用。同时，意大利的其他地区语言、移民语言与意大利官方语言共存。在意大利，93% 的人母语为意大利语。有约 50% 的意大利人口的居住地区存在方言和移民语言。

由联合国经社理事会人口司统计的 2019 年国际移民数据显示，欧洲拥有 8200 万国际移民，移民人数居全球之首，全球国际移民的近半数都集中在欧洲，其中意大利有 600 万国际移民。

根据联合国粮食及农业组织的统计，意大利的移民主要来自阿尔巴尼亚（316659）、摩洛哥（294945）、罗马尼亚（248849）、中国（111712）和乌克兰（93441），还有大量来自土耳其、马其顿、塞尔维亚和菲律宾的移民。目前，移民占意大利总人口数的 1.9%，外来移民是意大利地下劳工市场的一个重要组成部分。

2012 年 3 月 10 日，意大利内政部正式颁布《移民融入协议》（*Accordo di Integrazione*），旨在要求并激励在意移民尽快掌握意大利语及意基本法规，以更好地融入社会。通过协议，意政府向移民提供学习意大利语言、文化及社会基本常识的机会，同时移民需遵守意法律法规，通过双方的共同努力来促进移民的融入。此外，新移民还可以接受政府举办的一些协助融入的培训，如免费意大利语培训班等。

除了制定相关政策与法律促进移民群体的语言统一之外，意大利还关注移民本身所用语言的保护与传承。但相较于少数群体语言的保护政策，在移民语言保护政策的制定方面，由于移民群体与少数语言群体的概念并不一致，意大利对移民语言有针对性的保护政策相对较少。

1948 年 1 月 1 日生效的《意大利共和国宪法》的第 3 条和第 6 条直接规定了意大利人民所享有的语言权利，第 9 条和第 21 条第 1 部分间接赋予了意大利人民语言权利。

新的民主宪法的精神是为了确保两项基本原则。其中一条基本原则保证了公民在法律上语言权力的平等，"不分性别、种族、语言、宗教、政治观点和个人条件"(第 3 条)。另一项原则保障了言论自由的语言权利(第 21 条)。第 6 条明确保护了少数群体的语言权利:"共和国以适当的措施保护语言上的少数群体。"《意大利共和国宪法》保护的 4 种少数群体语言是瓦莱达奥斯塔自治区的法语、博尔扎诺省的德语、里雅斯特和戈里齐亚省的斯洛文尼亚语、博尔扎诺省的拉丁语。

然而,在这四个地区之外的其他讲法语、德语等少数语言的意大利居民却没有被赋予同样的语言权利,主要是因为他们不在历史上有争端的地区生活,也不同于生活在这些地区周边讲拉丁语和弗留利语的群体。最近的立法对宪法进行了补充,即意大利的框架法 482/99,这是一项旨在保护"历史上的少数群体语言"的法令,重申了"意大利共和国的官方语言是意大利语"(第 1 条)。

框架法 482/99 是为了与意大利 1948 年宪法所表达的原则相一致,也为了与欧洲和国际机构制定的一般原则相一致。框架法 482/99 对少数群体语言使用区域的两个主要认证标准是讲少数群体语言的同时具备少数群体聚居地区的身份认同,以及在特定语言社区长时间定居的民族群体。因此,框架法 482/99 将这些社区称为"历史上的少数群体语言使用区域",宣布保护阿尔巴尼亚人、加泰罗尼亚人、日耳曼人、希腊人、斯洛文尼亚人和克罗地亚人以及讲法语、普罗旺斯语、弗留利语、拉丁语、撒丁语的人民的语言和文化。

基于上述原则,意大利排除了一些可能从事语言文化活动的新定居者的"少数群体语言使用者"的身份认可(Orioles,2003)。De Mauro(2001)评论说,框架法 482/99 的原则虽然比较笼统,约束力不强,但反映了政治上比较进步的做法,确保了意大利公民在法律上的"平等""不分语言"。此外,虽然框架法 482/99 为上述少数群体语言使用者规定了平等的语言使用权利和统一的语言使用标准,但没有考虑语言保护的质量和数量问题,也没有一个统一的标准规范少数群体语言使用者身份认同的问题。因此,在幼儿园、小学和初中教育中使用这些语言的权利(第 4 条),以及在市政辩论和地方市政管理中使用这些语言的权利（第 7 条），都是存在问题的。

Orioles（2003）认为，相关立法应该对那些语言同一化的居民所在的社区（如南蒂罗尔州的德语居民），意大利历史上的少数群体语言使用区域，如弗留利语区和撒丁语区，以及没有得到保护与传承的语言，如希腊语和克罗地亚语进行保护。许多语言学家对框架法 482/99 的反应并不强烈，部分原因是他们的专业知识和建议没有得到充分采纳，部分原因是该法案可能会让学校和社会（Simone，1999；Renzi，2000）造成混乱，因此这部法律的实际效果还有待观察。

（一）希腊语

奥斯曼帝国征服君士坦丁堡后，许多希腊人开始在威尼斯共和国定居。1479 年，威尼斯有 4000 到 5000 名希腊居民。[1]1494 年 11 月，威尼斯的希腊人建立了兄弟会 Scuola dei Greci[2] 来代表希腊社区的利益，这也是威尼斯当局首次正式承认希腊殖民地的法律地位[3]。从那时起，希腊人不仅将自己的语言保留了下来，还与讲罗曼语（Romanzo）的居民进行了文化传播与交流。到了前 8 世纪和前 7 世纪，出于各种原因，包括人口危机、饥荒、气候变化、扩展商业贸易等，希腊人开始了大规模的殖民运动，其中目的地也包括意大利南部。

二战后，大量希腊人移民到国外，其中部分希腊侨民移民进入意大利，今天希腊侨民社区约有 30000 人，其中大部分位于罗马和意大利中部。卡拉布里亚（Regio-Calabria）和普利亚（Puglia）的部分地区分布着希腊语社区。然而，现代希腊语变得更加分化，逐渐形成了几种各异的方言。意大利南部希腊语社区使用的希腊语受到意大利语及南部方言的影响，作为一种非正式

---

① Greece S. Books and Writers. Ministry of Culture — National Book Centre of Greece，2001：54.

② Nicol D M. Byzantium and Venice：A Study in Diplomatic and Cultural Relations. Cambridge：Cambridge University Press，1988：416.

③ Nicol D M. The Byzantine Lady：Ten Portraits，1250–1500. Cambridge and New York：Cambridge University Press，1994：104.

的语言在家庭交流中使用，但在这样的情况下希腊语的使用往往是零散的，这也导致了希腊语缺乏传播与传承所需要的社会流动性，因此它迅速地衰落。如何保护与传承希腊语成了一个问题。

意大利的希腊语使用者称自己为 Griki（讲希腊语的人），虽然他们的身份都是合法的意大利公民，但他们对自己的希腊血统有强烈的认同。意大利经历了民族复兴运动之后，新政府立法将意大利语设为官方语言。年轻人受教育时使用的语言都是"现代的进步语言"，即意大利语和英语。随着外婚和移民潮的出现，现代教育模式大大减少了希腊语的使用人数。从 19 世纪后期开始，希腊语的复兴和研究才慢慢开始兴起并延续至今，许多作家、艺术家都为希腊语的传播和传承贡献了自己的力量，为了增加希腊语的读者与受众，他们时常以希腊语写作、出版文学作品。

近年来，意大利希腊语（Italiot Greek or Grecanic or Griko）被列入联合国教科文组织的濒危语言红皮书①，并已采取措施将其引入学校教育系统。卡拉布里亚政府鼓励在学校教授希腊语，像阿尔巴尼亚语区一样支持双语教育。1993 年，卡拉布里亚还在博瓦马里纳（Bova Marina）建立了强化希腊语学习的区域组织（Istituto Regionale Superiore di Studi Ellenofoni）。虽然处在地方政府与欧共体的财政支持下，但是本地小学只设立了可选修的方言科目，并没有以双语教学的方法推行语言教学。同时，虽然地方政府与立法机构鼓励教育界以希腊语授课，但基于有能力教授希腊语的师资力量过于薄弱，希腊语复兴计划难以成功推行，在地方议会的财政支持下，当地文化组织仅仅能在地区层面上发挥语言推广的作用。

（二）德语

博尔扎诺 - 上阿迪杰大区原为奥匈帝国领土，下设特伦托和博尔扎诺两

---

① Clarke A，Jepson A. Managing and Developing Communities，Festivals and Events. Palgrave Macmillan，2015：137.

个自治省，一战后割让予意大利，德语称该大区为南蒂罗尔自治省。博尔扎诺－上阿迪杰大区位于意大利北部，在奥地利边境以南，该地区和意大利东北部地区均分布着说德语的居民。根据 2013 年人口普查的数据，有 62.3％的人口第一语言为德语；23.4％的人口讲意大利语，主要是在两个最大的城市（博尔扎诺和梅拉诺）及其附近；4.1％的人口讲拉丁语；10.2％的人口（主要是新移民）母语为另一种语言。

该地区是三个语言群体（即拉丁人、意大利人和德国人）的聚居区，自 19 世纪以来，在哈布斯堡王朝的统治下，博尔扎诺－上阿迪杰大区经历了社会冲突，当地的紧张局势导致了这个边境地区在教育、社会、地理上的语言使用的分裂。虽然使用德语和拉丁语的人一直在该大区的历史上占据着主要地位，但由于意大利东北边界的转移，意大利语群体渐渐进入该大区。相关统计数据显示，1910 年，该大区讲意大利语的人口比例约为 3%，在 2001 年的人口普查中上升到 34%。这种程度的增长并不仅仅归因于意大利人口的自然繁衍，还有意大利语言传播与教育政策的功劳。

博尔扎诺自治省的学校系统不仅在意大利，乃至欧洲都是独树一帜的。随着新的《自治条例》①（*Pacchetto di Autonomia*）的生效，义务教育和高等教育的巩固和发展措施也得到推进。该法规定了意大利与特伦蒂诺－上阿迪杰大区之间的体制从属关系，赋予特伦托和博尔扎诺两个自治省一些更具体的权限。新《自治条例》第 19 条表示："在博尔扎诺省，幼儿园、小学和中学的教学应包含意大利语和德语。"对学生来说，意大利语或德语是同样重要的语言，而教师则是学生的母语启蒙者。根据省级法律对有关语言群体的规定，第二语言教学是中学的必修课。而对于德语幼儿园、小学和中学的管理，博尔扎诺省议会在听取教育部的意见后为学校任命负责人，德语学校的负责人负责实施与调职、休假、请假、纪律处分有关的政策。此外，在博尔扎诺省，

① 意大利和奥地利政府在 1962 — 1969 年间制定的一项规定，其中包括关于上阿迪杰政治和语言自治问题的 137 条规则。

法院庭审可选择使用意大利语或德语进行。

特伦蒂诺－上阿迪杰大区从 1972 年起制定了《第二自治条例》(*Manuale Dell'alto Adige Con Lo Statuto di Autonomia*)① 作为大区立法的一部分，旨在保护讲德语的少数语言群体。这一法规有助于加强巩固意大利的德语学校系统，它与意大利语学校系统"分开但平等"，旨在保护以德语为母语的少数语言群体不受"外国"影响或与其他语言"混合"。一些以德语为唯一使用语言的社区也在维护自己的语言，这表明德语的传承与维系不仅仅受特伦蒂诺－上阿迪杰大区大区的德语教育政策的保护，而且是当地历史发展、血脉传承与民族身份认同的结果。此外，部分讲德语的居民也会通过抵制意大利语来保护他们自己的语言和民族身份。

（三）阿尔巴尼亚语

15、16 世纪以来，奥斯曼帝国在巴尔干半岛的扩张使阿尔巴尼亚人流离失所，部分阿尔巴尼亚人迁徙到意大利并定居下来。当时的那不勒斯王国和西西里岛王国给予了这些阿尔巴尼亚人庇护之地，并让他们建立自己的村庄与聚落。1990 年阿尔巴尼亚的共产政权瓦解之后，意大利便成为阿尔巴尼亚人移民的主要目的地。一是因为意大利与阿尔巴尼亚的地理位置相对较近，二是因为南斯拉夫解体时，由于内战和经济问题，大量居于科索沃和阿尔巴尼亚的人民逃难至此。

阿尔巴尼亚人是意大利最大的民族语言群体之一，主要分布在意大利南部的七个大区：阿布鲁佐（Abruzzo）、莫利塞（Molise）、坎帕尼亚（Campania）、普利亚（Puglia）、巴西利卡塔（Basilicata）、卡拉布里亚（Calabria）和西西里岛（Sicilia）。

尽管阿尔巴尼亚人大约在 500 年前就开始向意大利移民，但他们至今仍以阿尔巴尼亚语作为日常交流的语言。目前为止，在意大利的 268000 名阿尔

---

① 参阅：《特伦蒂诺－上阿迪杰大区地区手册与自治条例》。

巴尼亚人中，有约100000名会说阿尔巴尼亚的阿尔伯雷什方言①。阿尔伯雷什人在语言和历史方面拥有丰富的底蕴，他们不仅为保护自己的语言与民族身份而斗争，同时也对意大利历史的发展作出了巨大的贡献。

根据意大利阿尔巴尼亚人和阿尔巴尼亚语研究人员所提供的数据，意大利目前有大约50个讲阿尔伯雷什语的社区，分布在41个城市和9个村庄②。圣马卡诺村（San Marcano）居住着约7000名阿尔巴尼亚人，尽管圣玛卡诺村没有与其他阿尔巴尼亚语社区有直接接触，并被意大利语言文化包围濡染，但阿尔巴尼亚语仍然在该地区被沿用至今。这是由于阿尔巴尼亚家庭一直重视传统，在保护语言和文化方面作出了一定贡献。

然而，与其他一些少数语言的情况一样，阿尔巴尼亚语在意大利也面临着式微的境况。该语言社区一直向政府发出呼吁，希望在保护阿尔巴尼亚语言和文化方面获得政策支持。老一辈人担心年轻一代人对阿尔巴尼亚语的了解越来越少，老一辈人从小就会说双语，但年轻人们只说意大利语，因为意大利语是意大利的官方语言，同时也是学校的教学语言，因此阿尔巴尼亚语在年轻一代的使用频率越来越低。

不过，阿尔巴尼亚语也受到了法律的一定保护。框架法482/99的通过标志着意大利历史上的语言少数群体保护的开始。框架法482/99规定"保护历史语言少数群体"——意大利领土上存在的少数民族和语言少数群体，其中包括阿尔巴尼亚语。

意大利语言少数群体的权利得到了国家和国际机构（联合国教科文组织、欧盟、欧洲委员会、意大利共和国宪法以及地区层面）的承认。为执行框架法482/99的第6条，并遵循欧洲和国际组织制定的一般原则，意大利共和国

① Arturo Tosi. The Language Situation in Italy，Current Issues in Language Planning，2004：247-335.

② Cela E，Barbiano di Belgiojoso E，King R & Ortensi L E. Labour market profifiles of Albanian migrants in Italy：Evidence from Lombardy 2001—2015. International Migration，2005：1-19.

保护、加强和促进阿尔巴尼亚人民的语言和文化遗产。框架法 482/99 第 2 条中提到，在语言少数群体分布于不同的省或地区领土的情况下，可以组织成立语言协调机构，因此规定将阿尔巴尼亚等少数民族语言作为学校学习的科目，在市镇的幼儿园、小学以及中学，语言教育除了可以使用意大利语外，还可以使用阿尔巴尼亚语等少数语言开展教育活动。

此外，阿尔巴尼亚语还在部分高校设有专门的教学部门，设立阿尔巴尼亚语言和文学系、教授阿尔巴尼亚语的大学有：那不勒斯大学、巴勒莫大学、罗马大学、卡拉布里亚大学、帕多瓦大学、巴里大学。随着教学体系的改革，阿尔巴尼亚语文学和阿尔巴尼亚语与翻译两门不同的课程被添加到阿尔巴尼亚语文学教育系统中。就意大利目前的语言状况而言，阿尔巴尼亚语教学的困难有两方面：一是缺乏更为具体的政策保护，二是由于社区之间的距离较远，阻碍了语言的传播与传承和语言教学模式的确立与统一。

（四）汉语

据资料记载，意大利华人移民最早可追溯到 19 世纪 90 年代，移民的主要来源为浙江青田和文成[1]，这一时期的华人数量非常稀少。20 世纪 80 年代初，随着改革开放政策允许中国公民合法自由出境，同时意大利的移民政策逐渐宽松，意大利华人移民数量激增。

意大利作为欧洲华人聚居的主要国家，近年来华人数量不断攀升。根据意大利统计局截至 2016 年 1 月 1 日对中国人居住人口的统计，意大利华侨人数约为 33.4 万人。其中，以米兰为首府的伦巴第大区有 62060 名中国人，占生活在意大利的中国人口总和的 18.5%[2]。随着华人数量的不断攀升，意大利中文教育的需求也在不断扩大，众多华文学校如雨后春笋。不仅如此，意

---

① 严晓鹏，郭保林，潘玉进：《现实，欧洲问题的对策——以意大利华文教育为例》，《华文教育》，2011：58。

② 参阅：2016 年意大利国家统计局《意大利外国公民 2016 年人口资产负债表和常住人口统计》。

大利还是第一个加入中国"一带一路"倡议的 G7 国家，2016 年，其国家教育部颁布了高中汉语教学大纲，汉语正式被纳入国民教育体系，这一举措使得意大利汉语教学范围从高校扩展到中小学，低龄学习者数量明显增长。

意大利的中文教学处于欧洲领先地位。为平稳推进汉语纳入国民教育体系，意大利政府积极推动各学段开展汉语教育，在大学和高中阶段已取得良好成效。以意大利推进汉语纳入国民教育体系为范式，可为其他国家和地区合理规划、平稳推进汉语纳入国民教育体系提供有益参考：满足多元需求，助力纳入事业走稳走实；立足汉语教育实际，分层推进课程纳入教育体系的进程；提供高适配度的语言服务，满足学习者低龄化发展要求；充分发挥孔子学院和课堂的平台作用，多方助推汉语全面纳入国民教育体系。

三、西班牙移民语言现状与语言政策

自大航海时代开始，西班牙就是一个向外移民的国家，曾大规模开展海外殖民运动并向外输出劳动力，直到 1986 年，其迁入的人口数量才超过迁出的数量。近年来，由于全球化的发展以及西班牙政府为吸引人口颁布的移民政策[①]，西班牙的外来移民数量达到此前从未有过的峰值，并持续保持较高速增长。根据人口普查数据显示，1996 年西班牙外来人口刚刚超过 50 万，占总人口的 1%；而截至 2007 年 1 月 1 日，每 100 个人中就有约 11 个为外来人口（11.03%）[②]。西班牙移民主要来自摩洛哥、欧盟（包括罗马尼亚、英国、意

---

① 1978 年《西班牙宪法》第 13.1 条规定，移民在西班牙享有宪法第一章保障的公共自由与规定的基本权利和义务；1986 年，应欧洲一体化进程需求，第 1119 号皇家法令规定了欧洲共同体成员入境、永久居留和工作的权利；1996 年第 155 号皇家法令首次引入了永久居留许可权并规范了家庭团聚的权利；2000 年第 4 号组织法令（La Ley Orgánica）承认所有在西班牙领土上居住及进行经济活动两年及以上的移民健康权，并建立了永久正规化程序，同年第 8 号法令授予外国外来移民结社权（第 7.2 条）和集会权（第 7.1 条）等权力；2004 年第 2393 号皇家法令第三条附加条款规定对非法移民的正规化，授予符合条件的移民以合法地位。

② Garrido，Luis. La inmigración en España，en Requena y Miguel，2005：127-164.

大利、德国、法国等）和美洲（主要为厄瓜多尔、哥伦比亚、玻利维亚）。外来人口的激增，使得西班牙成为一个多语言国家，除我们前文提到的4种主要本土语言外，还产生了语言变体和外来移民语言。也正是由于语言使用情况的复杂多样以及移民来源的分散，使得任何一种分类归纳的方式都难以全面概括西班牙的语言使用，在此本书仅列举部分有代表性的案例。

（一）移民对西班牙官方语言的使用

语言是一个群体的标志，语言帮助群体进行识别并排除异己。为了更好地适应和融入当地社会，绝大多数移民选择使用西班牙本土语言，尽管在部分地区移民会保留母语的使用，但他们基本能够听懂甚至掌握西班牙语。其中，卡斯蒂利亚语拥有最多的使用人数和最广的使用范围，是移民最倾向使用的语言。一方面，有极大一部分移民来自拉丁美洲，他们的母语大多为西班牙语，根据调查数据显示，这部分移民约有106.4万人[1]；另一方面，由于部分移民来自经济发展水平低下或政治不稳定的地区，社会发展的不均衡、民族间地位的不平等使其在选择语言时更倾向于选择强势语言。因此，移民的涌入和卡斯蒂利亚语的使用就对西班牙另外三种地区级官方语言造成了不同程度的冲击。在巴利阿里群岛地区，使用卡斯蒂利亚语移民的大量涌入冲击了当地原有语言（加泰罗尼亚语及巴利阿里方言）的使用，旅游业的发展和来自欧洲（尤其是德国和英国）、非洲的拉丁裔移民大量涌入，使该地形成一种单向双语制[2]（Bilingüismo Unidireccional），即岛民会加泰罗尼亚语和卡斯蒂利亚语，但移民只会卡斯蒂利亚语。这一事实也表明，移民没有看到学习加泰罗尼亚语的必要性，同时当地人民对加泰罗尼亚语也并不重视，通常选择卡斯蒂利亚语与移民交流。此外，在

---

[1] Rius Sant，Xavier. El libro de la inmigración en España.Almuzara，2007：404-405.

[2] Aina Moll. Turisme，Immigració i ús de la llengua（1960-1989）. en：Estudis Baleàrics，1990：171-182.

同样作为移民主要聚居地之一的瓦伦西亚自治区，使用加泰罗尼亚语的人数也在减少，数据显示，使用加泰罗尼亚语的人数从 1991 年的 82% 降至 2004 年的 76%。根据 2001 年人口普查（416.2776 万名居民），关于瓦伦西亚自治区社会语言分布的数据表明：当地有 49.4% 的人口是活跃的双语使用者，37.1% 是被动双语使用者，13.5% 只讲西班牙语（主要是移民），且加泰罗尼亚语单语制实际上并不存在[①]。类似的情况也发生在加利西亚语和巴斯克语的使用上。

移民对变体语言的使用

在语言演变过程中，时常会出现因不同语言使用习惯的交融而产生语言变体的现象，即说话者可以将 B 语言的元素插入所处区域占主导地位的 A 语言中，或者可以在两种语言之间交替使用。

西班牙境内吉卜赛人使用的语言就是语言变体的典型例子。1425 年，在阿拉贡国王阿方索·马格纳尼莫（Alfonso el Magnánimo）的许可下，第一批吉卜赛人进入伊比利亚半岛，他们在这里繁衍生息，人口数量不断增加。现如今，仍有 50 万至 65 万吉卜赛人生活在西班牙，约占西班牙人口的 1.4%，他们大多数居住在安达卢西亚地区。吉卜赛人使用的语言为吉卜赛语，又称罗姆语，在与卡斯蒂利亚语不断接触融合的过程中，逐渐形成了一种新的语言，即伽罗语（El caló）。这一语言融合了卡斯蒂利亚语的句法、词法，以及吉卜赛语的词汇。吉卜赛人在西班牙社会中一直处于下层阶级，因此，他们的语言和文化也一直遭受破坏和限制。目前仅有约 10 万吉卜赛人还在使用这种语言变体，绝大多数的吉卜赛人已经改为使用卡斯蒂利亚语。生活在其他一些有联合官方语言自治区的吉卜赛人，也多使用当地语言，即加泰罗尼亚语、加利西亚语或巴斯克语等。但不可否认，一些吉卜赛语和伽罗语的词汇

---

① Doppelbauer M，Cichon P. La España multilingüe：Lenguas y políticas lingüísticas de España.La situación sociolingüística de la Comunidad Valenciana.Francisco Gimeno Menéndez.Universidad de Alicante，1014：214-216.

至今仍活跃在吉卜赛人群当中。① 除此之外，直布罗陀地区所使用的语言为英语和西班牙语的融合变体，该地区 1501 年被纳入西班牙版图，1704 年被英国占领，不同政权的交替导致了多次移民浪潮，因此直布罗陀地区的语言也表现出了融合的特点。

（二）移民对母语的使用

在部分经济欠发达或发达地区的群居社区，移民的母语得以保留并作为日常语言交流，主要有在北非飞地使用的阿拉伯语、塔玛兹特语，以及华人聚居区使用的汉语等。

1. 阿拉伯语

使用阿拉伯语的移民多居住在西班牙南部，特别是位于北非的西班牙飞地休达和梅利利亚。其中，定居在休达的阿拉伯语移民大多是来自伊比利亚半岛的穆斯林和犹太人。19 世纪末，该地只有少数穆斯林：截至 1875 年仅有 92 人。这一数字在 20 世纪不断增加，1935 年，在休达 5.5 万的总人口中，已有 2700 名穆斯林；1940 年，这一数字达到 4500 人；1996 年，休达的 6.88 万居民中有 1.6 万名穆斯林，他们大多讲阿拉伯语，在当地社会处于下层阶级。与穆斯林不同，休达的犹太移民大多是社会上层阶级的成员，他们大多数人使用的是卡斯蒂利亚语，但部分老年人仍使用阿拉伯语。这些犹太移民最早于 19 世纪下半叶到达休达，1888 年当地共有 134 名犹太人，1935 年已有 296 名，1970 年达到 386 名，截至 2005 年有 600 至 700 名。②

西班牙在北非另一飞地梅利利亚的情况与休达类似，该市很早就已有一个较大的犹太社区，其中大部分是与摩洛哥进行贸易的商人，这个社区不断

---

① Ropero Núñez，Miguel. Las aportaciones léxicas del Caló a la lengua española. En：Sánchez Montes，1997：217-225.

② Meyer，Frank.Die Städte der vier Kulturen. Eine Geographie der Zugehörigkeit und Ausgrenzung am Beispiel von Ceuta und Melilla（Spanien/Nordafrika）. Stuttgart：Franz Steiner Verlag，2005：109.

发展壮大，1920 年已有 3500 名犹太人。1948 年以色列建国后，许多犹太人移居国外，目前该地约有 800 至 1000 名犹太人，他们大多使用卡斯蒂利亚语，但一些老年人仍使用阿拉伯语。与休达不同，梅利利亚的犹太人分布在社会的各个阶层。

2. 塔玛兹特语

使用塔玛兹特语的移民多定居于梅利利亚市，他们大多为穆斯林居民。当地塔玛兹特语学习者数量已经达到总人口的 50%，并且该地区塔玛兹特语的使用率持续升高[1]，这是因为，由于当地经济较为落后，有大量年轻的卡斯蒂利亚语使用者正在逐渐迁离休达和梅利利亚以寻找新的出路，导致塔玛兹特语的普及率在本土呈上升趋势[2]。

3. 汉语

汉语与英语的使用者大多来自中国与英国。自 20 世纪 80 年代起，西班牙政府收容了大量印支华侨难民。现在西班牙的华人、华侨约 1 万人，来自中国台湾地区的约 3500 人，中国港澳地区的约 1000 人，东南亚国家的约 4000 人。西班牙华人中，中国大陆的华人 70% 来自浙江的丽水、温州，其次是上海、广东、福建，主要分布在马德里、巴塞罗那、巴伦西亚、塞尔维亚和加那利群岛。大多数华人聚居区保留着使用母语的习惯，在社区内部仅使用汉语即可满足所有的生活需求，部分华人为了生意需要学会了使用卡斯蒂利亚语，但在社区内部，仍使用母语。华人社区的移民二代或三代则大多是双语使用者，他们从小在西班牙接受教育，在绝大多数场合选择使用西班牙官方语言卡斯蒂利亚语，仅在少数私人或非正式场合使用母语。

---

① Doppelbauer M，Cichon P. La España multilingüe：Lenguas y políticas lingüísticas de España. Las lenguas en las sociedades de Ceuta y Melilla，Max Doppelbauer. Universidad de Viena：310.

② Frank M. Die Städte der vier Kulturen. Eine Geographie der Zugehörigkeit und Ausgrenzung am Beispiel von Ceuta und Melilla（Spanien/Nordafrika）. Stuttgart：Franz Steiner Verlag，2005：109.

四、意大利双语教育现状与语言政策

（一）意大利语的使用情况

尽管标准意大利语是但丁 14 世纪文学作品中使用的语言的变体，但它一直是意大利的官方语言。意大利实际上是一个语言相当多样化的国家，囊括了几十种历史上的少数群体语言（如斯洛文尼亚语、希腊语、德语和法语）和地区性的拉丁语系方言（如卡拉布雷斯语、西西里语、撒丁岛语、威尼斯语、托斯卡纳语），也成了许多新移民语言的沃土（如罗马尼亚语、阿尔巴尼亚语、阿拉伯语、汉语）。

然而从 1963 年开始，除了特伦蒂诺 - 上阿迪杰和瓦莱达奥斯塔两个大区之外，标准意大利语成了地方学校的唯一官方语言，当时义务教育从 11 岁延长到 14 岁，而拉丁语在学校课程中被删除。

到 20 世纪 70 年代中期，大多数意大利公民都获得了标准意大利语授课的高等教育资格。尽管 1974 年还有超过 50% 的意大利人说的是非标准的意大利方言，但随着扫盲率和入学率的稳步提高，意大利语作为官方语言的地位也稳步提高。如今的意大利，方言和其他少数群体语言或移民语言已被视为语言方面的潜在资源，但意大利民众普遍忽视移民语言，将移民语言看作阻碍掌握国家官方语言发展的障碍。意大利政府年颁布的框架法 482/99 并没有赋予移民语言任何权利，仅对一些历史上的少数群体语言给予了法律上的承认，如意大利边境地区使用的法语、德语、阿尔巴尼亚语、斯洛文尼亚语和希腊语等。总而言之，语言政策的制定在促进现代欧洲语言和谐共生的同时，如何保护移民语言以及少数群体语言的权利将是一个挑战。

1973 年意大利语言学习中心（SLI）内部成立语言和教育领域的行动和研究小组（GISCEL），旨在定义语言教育的基本理论假设和政策路线，为意大利学者、教师以及现今意大利民主学校工作人员提供参考。《意大利民主语言教育十大论题》是 GISCEL 在 1975 年提出的纲要，于 1975 年 4 月 26 日在罗马文化之家会议上获批。该纲要中包含一系列语言教育原则，建议每位教师、语言教育者和语言领域其他相关研究人员遵守。该纲要内容还包括对传统语言教学法的批判，提出了新的民主语言教育观，并对教师培训与教师进修提出了一系列改进措施。该纲要融合了许多学校的管理层以及一些语言学家和研究人员的建议，在纲要中，意大利传统语言教学的一些基础环节第一次受到了质疑，如：方言使用者的语言背景被忽略，语言教育出现阶级化、分层化；口语及书面语技能的培养没有得到足够的重视；没有将语法教学（主要包括语法练习、语法分析和逻辑分析）摆在突出的地位，并将其定义为"过时的语言功能理论"。

该纲要讨论的主要内容包括：

第一，确立口语的中心地位。口语在社会和个人生活中具有重要意义，通过对口语措辞的有效掌握，可以起到交际作用；也可以对口语实践进行分析，达到启发认知的目的；口语还可以在情感表达、辩论方面起到提升语言技能、优化语言体验的作用。

第二，认为语言技能的发展源于情感、智力和社会生活等因素。鉴于个人和社会的联系，语言技能的发展与人类的发展、社会的发展、人类心理的发展息息相关。有效的语言教学必须考虑语言能力的整体发展与个人的身体、情感、智力发展之间的关系。

第三，语言技能具有多样性和复杂性。语言能力由多种语言技能组成，包括：口语、写作、交流、问答、阅读、背诵能力等，这些能力是一个整体协调发展的动态过程，呈现出多样性和复杂性。

第四，宪法应保护语言。语言教学应是民主的，意大利宪法第 3 条承认所有公民平等，要求学校确定并执行有效的民主语言教育任务，目标是尊重和保护所有语言的变体。

第五，传统语言教学法存在局限。传统的语言教学法集中于意大利语的拼写规则、基于简单主题的写作、语法句法教学、培养口头和书面表达的能力、纠正拼写错误和句法词汇错误等，而这些语言教学实践通常缺乏基础方法论和不同教学环节的连贯性。此外，传统语言教学法在教授拼写和写作方面存在缺陷，传统的语言教学法效率低下，教学目标偏颇。如：

（1）传统的语言教育学只关注语言生产能力，即书面能力，忽略了接受语言的能力。

（2）传统教学只注重书面表达，不注重口头表达能力。

（3）传统的语言教育学倾向于培养就一个话题进行长篇大论的能力，忽视了其他更有用的技能。

第六，对传统语言教学法提出了一些批评建议。传统语言教学法很大程度上是建立在教授语法范式和句法规则的有用性之上，没有考虑语言教学与语言史、社会语言学、语言心理学和语义的关联；传统语法教学欠缺对语言教育根本目的的深入思考；传统语法教学方式单一，只依靠过时的语言功能理论，没有专门的语法词典（如英语牛津词典、德语格林词典、俄语或西班牙语词典等）。此外，传统的语言教学法忽视了口语和方言的使用，也忽略了对语言能力与其他表达能力的培养。

（二）意大利语作为官方语言在教育系统中的应用情况

意大利语的语法复杂，词形变化多样，因此意大利语教学不得不在教授语法规则上投入许多时间和精力。意大利语教学的目的不仅仅是教会学生运用语法结构知识，实现单一的交际功能，更重要的是让学生有机会接触优秀的文化遗产并培养学生对现实生活的思考和评判能力，培养学生掌握运用语言进行灵活表达的能力。正因为如此，意大利学者一直坚持意大利语在学校教育中的主导地位，尤其是在英语影响人们语言生活的今天，他们呼吁，意大利语是意大利人的文化身份特征，是历史的记录，是意大利人对现实生活知识的诠释。

中小学阶段是母语教育的关键时期。意大利宪法第 34 条规定：6 至 15 岁是义务教育阶段，教育面向全体公民，学费全免。小学一共 5 年，设有意大利语、英语、数学、宗教等课程，在意大利小学的课程表中，意大利语课几乎占到全部课时的 1/3（见表 2-1），可见学校对意大利语的重视程度。

表 2-1　意大利古典音乐学院各学科教学时数

意大利古典音乐学院（Liceo Classico）每年各学科领域的教学时数					
主要课程	一年级	二年级	三年级	四年级	五年级
意大利语 & 文化	132	132	132	132	132
拉丁语 & 文化	165	165	132	132	132
古希腊语 & 文化	132	132	99	99	99
现代外语 & 文化	99	99	99	99	99
历史 & 地理	99	99	99	99	99
哲学	0	0	66	66	66
数学	99	99	66	66	66
物理	0	0	66	66	66
生物科学	66	66	66	66	66
艺术史	0	0	66	66	66
体育	66	66	66	66	66
宗教 / 自由时间	33	33	33	33	33
合计	891	891	1023	1023	1023

内容与语言整合学习法（CLIL）自 20 世纪 90 年代中期被提出以来，在欧洲越来越受欢迎。CLIL 是一种将内容和语言学习相结合的教学方法，简单来说，CLIL 将学科内容和外语学习相结合，用外语教授科学、地理、历史、艺术等内容，从而促进语言和学科知识的双重学习。它常被称为"双重点教育法"，即在该教学法中，学科知识和语言的学习都通过外语进行讲授。

CLIL 教学法被推出后不久，就被欧洲委员会和欧盟委员会作为一种创新且有效的教育方案加以推广，以满足欧洲公民学习多语言能力的需要。欧盟委员会着重强调了双语教育的价值，尤其是 CLIL 在促进语言学习方面的价值。CLIL 被视为一种培养新兴双语者的跨文化沟通能力的手段，旨在培养学生的跨文化交流能力的同时，传授不同科目的专业知识。

意大利的教育、大学和科研部（MIUR，以下简称教育部）[①] 在 2010 年发布了一条指令，要求在公立学校系统的高中使用 CLIL，该指令让意大利学校能够更加灵活地运用 CLIL 教学法，使意大利成为迄今为止唯一的法律授权使用 CLIL 的欧洲国家。截至 2011 年，意大利两种不同的双语教育项目均采用了 CLIL 模式：一种是在教授意大利语的同时教授一种地区性的少数群体语言；另一种是在教授意大利语的同时教授一种欧洲国家语言。

尽管欧盟不断鼓励并提倡采用这种教学方法，但是 CLIL 教学模式在意大利实施还是存在不足之处：

（1）没有集中 CLIL 教学模式；

（2）没有对 CLIL 教学法的实施效果进行系统的监测；

（3）CLIL 教学法在中学阶段比在小学阶段的使用更为普遍。

2012 年，意大利教育部资助的 CLIL 机构课程开课，吸引了大量不同学科的教师参与学习。这些课程旨在培养具有 B2—C1 英语水平的各科教师，以通过英语教授课程内容。自 2014 年以来，拉齐奥大区已有超过 250 名教师参与了该项培训。[②]

意大利那不勒斯 S. 奥索拉·贝宁卡萨大学文学系教授布鲁纳以自身 CLIL 教学经验为案例，分析了意大利的双语课程教学方法，并对课程模块进行了有针对性的汇编[③]。其教学模块注重学科和内容之间、学习对象和教学方法之

[①] Ministry of Instruction，University，and Research，Working Papers in Educational Linguistics，2015，30（1）：43-63.

[②] Reframing teaching knowledge in Content and Language Integrated Learning（CLIL）：A European perspective，Language Teaching Research（IF 3.899），2018.

[③] Di Sabato B. La didattica delle lingue in lingua straniera：resoconto di un' esperienza in ambiente universitario. Studi di glottodidattica，2009，3（2）：35-47.

间的联系，课程中学生扮演了学习者、教师以及教材的创造者和评估者的角色，这种方式旨在引导学生们思考学科的多面性，培养学生对外语学习、教学方式的批判性思考。CLIL 教学模式让学生们认识了不同的外语教学方法；了解了词汇的作用，并学会自己创作教材；对自己的外语使用情况进行反思；在学习积极性、学科和语言的进步方面取得了令人满意的结果。

（三）意大利语作为官方语言国家的推广措施

统一的语言是实现沟通交流的重要工具，国家通用语言文字最突出的特点在于全国的通用。为了促进意大利语在国内的推广和对外传播，意大利政府采取了一系列措施。具体包括：

1. 设立"世界意大利语言周"

2001 年起，意大利外交部每年举办"世界意大利语言周"，通过国内外研讨会、讲座等活动为意大利语言学习者、意大利作家和全球出版商创造交流和学习的机会。

2. 推出"世界上的意大利图书"活动

2010 年，阿瓦里亚诺出版社与意大利外交部达成合作，推出"世界上的意大利图书"活动，向各国意大利使馆文化处图书馆捐赠了 48 部意大利语作品，供文化处参加各国图书展览等文化活动使用，也供海外读者借阅。

3. 设立"意大利国家翻译奖"

意大利文化部设有"意大利国家翻译奖"，每年颁发 4 个常规奖项。此外意大利外交部每年设立翻译资助经费，2019 年共拨款 25.6 万欧元用于资助和奖励译作。申请作品必须以在海外以推广意大利语言文化为目的，作品可以是意大利语文学、科技翻译作品，也可以是电影及电视剧作品的配音或字幕翻译作品，尚未出版和已出版的作品均可申请奖励。此外，意大利外交部每年评选出 3—5 个获奖作品，给予每个作品 5000 欧元的奖励。每年资助项目数量不等，2019 年有 120 个翻译项目获得资助，2021 年有 95 个项目获得资助。

除了对内加强意大利语的教育外，意大利政府也为对外推广意大利语作出了努力，帮助意大利对外移民和移民的后代，以及国外双语或多语意大利语社区居民能够更好地掌握意大利语。

2021 年 8 月 18 日，意大利外交部发布了一份关于教育和文化机构的实地调查，该调查针对阿根廷科尔多瓦的私立但丁双语双文化学校（Dante Alighieri）的学生和该市单语公立学校就读的学生实施对照实验，最终调查结果证实了"双语学生在反思语言及逻辑、句法和词汇功能方面的能力更强"。这也是意大利政府在世界各国，无论是意大利人的对外移民国，还是因意大利文化而对意大利语产生兴趣的国家推广意大利语的另一个原因。

为在世界范围内推广意大利语，第 21 届世界意大利语周（The 21st Week of the Italian Language）于 2021 年 10 月 18 日至 25 日举行，主题为"意大利与但丁"，庆祝但丁诞生 700 周年。世界意大利语周在各参与国间引起了特殊的共鸣，例如，在摩纳哥，大多数人都会说意大利语，"意大利与但丁"展览在摩纳哥外国居民俱乐部向公众开放；10 月 20 日，艺术家 Benedetta Brachetti Peretti 举办了个人展，展出她用穆拉诺玻璃制成的 25 件新作品，依次代表了但丁的世界、大海、天空和古埃及。

为了在国外推广和传播意大利语言和文化，意大利外交部于 2020 年 3 月发布新的法令，支持意大利语言和文化推广的捐款募集倡议，通过提供赠款、教材和资助培训活动，支持非营利性语言教育机构。按照规定，受资助方需为依法建立的参与全球宣传和推广意大利语言和文化的非营利性组织。资金用于支持各国意大利语教育活动、预备课程和辅助性文化推广活动，以促进意大利学生融入当地的学校系统并促进双语教育的发展。

瑞士联邦文化局（The Federal Office of Culture，FOC）与瑞士格劳宾登州（Graubünden）签署 2021—2024 年期间保护和促进罗曼什语和意大利语语言与文化的合作协议。瑞士联邦文化局还将参与格劳宾登州以外地区在 2021 年 6 月发布的语言推广新计划的招标。这是促进该国少数群体语言的进一步措施。格劳宾登州与瑞士联邦文化局之间的新服务合同，旨在加强联邦政府与州之间保护及推广罗曼什语和意大利语的措施方面的合作。这两项协议旨在促进民族语言的宪法授权，加强瑞士的四语制，增强国家的内部凝聚力，并最终保护和促进罗曼什语和意大利语。

加拿大青少年意大利语培训中心（The Italian Canadian Youth Formation Centre）由 Enrico del Castello 创立，旨在促进渥太华的意大利语言与文化推广。该中心主要侧重于小学阶段的语言和文化教学，还提供许多辅助教学活动机会，如：与意大利的文化和学校交流，意大利语言与文化教师的专业发展讲习班和座谈会，儿童夏令营以及其他社会和文化活动。该中心在圣安东尼教区青年俱乐部（St. Anthony's Parish Youth Club）的支持下创建，自成立以来，它的主要目标是让青少年和学生熟悉意大利语言和文化。

欧洲英语新闻报刊 The Local 的记者 Silvia Marchetti 针对意大利人的英语水平普遍落后于欧洲其他国家这一问题提出了解决方案。首先，意大利人在申请私营企业和公共部门的技术工作时，流利的英语口语能力应该成为一项强制性要求。其次，国家还应该为所有职业，包括医生、律师、记者和公职人员的入职考试引入英语能力测试。最后，意大利的电影院应放映英文原版电影，这同时也是比利时和荷兰等许多欧洲国家的做法。

米兰国际学校（Icsmilan International School）为来自不同国家、文化和背景的学生群体提供多语言教育和基础教育，以英语作为主要的学习语言，辅以其他多种语言的教学。学校将多语教学视为具有国际观的学习与教育策略，提倡双语和多语教学，发展语言技能，促进文化理解，培养具有国际意识的学生。

（四）意大利国内院校的双语教育情况

1. 意大利语与外语混合培养的双语教育

自 2000 年以后，意大利大学的结构逐渐向欧盟其他国家的大学结构体系

靠拢。意大利引进"3+2"方案，规定有升学意向的学生可以在第一级本科三
年制学位之后获得更高学位，但还需要再读两年，以获得更高一级的硕士学
位，因此被称为"3+2"培养方案。"3+2"方案对学位课程的内容进行了全面
修订，并引入了一系列重要的创新：

（1）30分学分制；

（2）学生课程体验反馈制度；

（3）引入新课程（选修＋必修）；

（4）必修一种或多种语言。

在大学里有三种不同的教师职称：教授、副教授、讲师。这三种职称都
需通过国家资格考试进行招聘，考试包括笔试和口试，以及对应聘者学术研
究和出版物的评估。虽然这三种类型的学术人员具备正式课程教学的资质，
但负责讲授外语课的教师不在这三种职称内。在过去的几十年里，语言教师
的地位一直存在争议，他们的名称从"lettori"（讲师）改为了"cooperatori ed
esperti linguistici"（语言专家和协作者），由于语言教师招聘的要求是持有高
等教育学位，并且以所教语言为母语，而且不需要发表文章，因此他们不享
有学术地位和职称，身份为学校里的专职语言教师雇员。

2. 意大利语与地区方言双语教育

20世纪90年代以来，意大利学校逐渐开始重视保护方言。1990年，皮
埃蒙特大区批准了一项地区法律（*Piemonte*，1990），目的是保护当地的语言
遗产，这一法案随后被1997年6月17日的地区法律所增补。根据该法律第
5条，皮埃蒙特大区在与教育部门的协商下，促进并对各级教师的培训和进
修课程提供资金资助，以便有效地了解皮埃蒙特的语言、文化遗产以及历史
文化。

1994年，瓦莱达奥斯塔大区起草并颁发了《国立中学教学计划适应瓦莱
达奥斯塔自治区的社会文化和语言需要》的草案（1994，No. 5.884），该草案
主要聚焦于学校和学科之间的整合，每个学科都确定了要用法语和意大利语

教学的部分。同时，还引入了英语教学，将英语作为一门外语纳入选修课教学方案中。因此，双语或多语教学面向欧洲开放的建议应运而生，在各个国家也纷纷出现了多语言教学和综合语言教学。在这项草案的实施过程中，语言教师和非语言教师的教学整合，促进了项目的实施效度。项目分配到每所中学的教师数量不断增加，其中一些教师被借调来培训他们的同事、提供教学支持和传播教学法的研究成果，所有这些创新实践都记录在 1994 年 8 月 22 日第 53 号地区法律中。

在博尔扎诺省多语教育体系中，部分拉丁语学校采取了独特的多语言和跨文化教学方式。对于德语学校和意大利语学校，根据《自治法条例》的规定，如果学生群体中有母语非拉丁语的儿童，且这些儿童尚未受到特定的语言教学，教学人员就必须使用多种语言对这些儿童进行教育。幼儿园的教学活动大多会在拉丁语的语境下进行，同时也会用德语或意大利语教习歌曲和诗歌。该条例自颁布以来，一些拉丁语学校已经开展了各种多语言教学活动，通过与游戏结合的语言教学形式，而非通过特定的外语培训班来鼓励儿童学习语言。但这种模式也存在一些问题，通常幼儿园每个班级只配备一名教师和一名助教，因此无法实现更为精准的"一人一语"教学模式。

3. 意大利高校汉语教学现状

2005 年，米兰曼佐尼语言高中（Liceo Linguistico "A. Manzoni" di Milano）率先将汉语纳入学校选修课程中，拉开了意大利高中汉语教学的帷幕。据意大利文化交流基金会调查统计，截至 2017 年年底，意大利已有 279 所高中开设了与汉语和中国文化相关的课程，学习人数大约为 17500 人。56% 的意大利高中开设了汉语课程，意大利北部 70% 的高中 3 年前就开设了汉语课程，将汉语课程设为必修课的高中主要集中在意大利北部。在汉语被设为选修课的学校中，平均每所学校有 28 名学生选修汉语，占学生总数的 4%，每周课时不足 2 个学时。由此可见，意大利高中阶段的汉语教学课时量仍然较少，学生学习汉语的时间非常有限。

意大利虽然已经有一定数量的开设汉语课程的高中，但总体而言学习汉语的学生比例仍然较低。但在汉语作为必修课的学校中，41% 的学校已响应2008 年意大利教育部的号召，将汉语作为高考科目，47% 的学校考虑将来会将汉语纳入高考。可见，意大利高中阶段的汉语教学发展潜力不容小觑。意大利的罗马大学、威尼斯东方大学、米兰大学、那不勒斯东方大学等高校也相继开设了汉语国际教育专业。

2012 年，意大利政府开始为中小学汉语课程培训专业教师，但目前意大利高中汉语教师的数量和质量仍然存在问题。意大利高中的汉语教师分为三类：意大利本土汉语教师、汉语教师志愿者和中国教师。前者是非母语教师，后两者为母语教师。据调查，目前以汉语为必修课的高中有 54% 由母语教师和非母语教师共同授课，只有 7% 的高中聘用纯母语教师授课。而在以汉语为选修课的学校，纯母语教师的比重达到了 36%，并且非母语教师 70% 都有大学文凭，其中 16% 在中国学习或工作过。据统计，2015—2016 年意大利在200 多所高中开设汉语课程，但只有 96 名本土汉语教师，平均每个学校不到一名本土汉语教师[①]。

从 2016 年开始，意大利教育部为高中汉语教师提供了正式的国家编制职位，意大利教育部采用考试选拔的方式在全国录用了 13 位汉语教师，成为首批拥有国家编制的高中汉语教师。但除此之外，意大利的大部分汉语教师是一年合同制，工作不稳定，导致教师资源很容易流失。在教学质量方面，汉语教师的教育水平参差不齐，教学方法陈旧单一，且大部分教师为兼职，未接受过正规高中汉语教师培训，对高中生的学习特点和心理发展缺乏了解。大部分汉语教师志愿者也面临着没有高中汉语教学经验、水土不服、合作不力等问题。

除意大利本地学生外，华人移民后代的汉语学习也需要重视。2021 年 9月，意大利普拉托市圣尼可罗（Conservatorio San Niccolò）学校规定校园内

---

① 金志刚，史官圣：《〈意大利高中汉语教学大纲〉分析与应用》，《云南师范大学学报（对外汉语教版）》，2018，16（3）：21—28。

禁止使用汉语交流，华人学生之间均须使用意大利语进行沟通。此条校规是根据当地华人社会和华人学生家长的建议，经当地教育主管部门同意所作出的规定。其目的在于强化意大利语的语言环境，敦促在校的华人学生学好意大利语。学校校长表示，普拉托是意大利乃至欧洲华人最集中的城市，目前圣尼可罗在校 490 名学生，其中 30% 为移民后代，且绝大多数为华人。

根据学校最近几年教学情况，由于很多华人学生忽视课堂上意大利语的学习，以至于一些华人学生无法完成学业，导致普拉托华人学生辍学率居高不下。根据有关教育部门的统计，在意大利为期 13 年的中小学课程教育中，普拉托市的华人在校生，完成初中学业的学生为 50% 左右，完成高中学业的不足 30%。校方认为，该措施的落实将有助于改善校园的语言学习环境，强化华人学生对意大利语的学习，提高在校华人学生的升学率。但对于华人移民学生而言，需要时间去适应该项校规，且强制剥离汉语语境不仅会影响学生对母语的掌握程度，也会影响个人的身份认同。

五、西班牙多语教育现状与语言政策

整体来看，西班牙的语言教育较为多样。对外，为了更好地顺应时代的发展趋势与世界局势，西班牙自 20 世纪起始开展了一系列多语教学探索，并最终形成以第一外语作为必修、第二外语为选修的相对稳定的教育模式；对内，西班牙是一个多民族国家，为保护少数民族语言及其文化，同时维护卡斯蒂利亚语的官方地位，西班牙参考加拿大的双语教育模式，在地方实行"浸入式双语教育"[①]，取得了良好成效。

1.西班牙的外语教育

西班牙的外语教育从 20 世纪初正式起步，尽管在整个 20 世纪内其教育政策进行了大量改革，但外语一直是西班牙中学生教育的一部分。纵观整个

---

① 强海燕：《加拿大第二语言浸入式教学发展概述》，《比较教育研究》，2004（7）：1—7。

西班牙外语改革历史，可以将其大致分为三个阶段：第一阶段，外语教学的重心放在法语上，虽然其他语言也出现在学习计划中，但法语始终是所有外语中最重要的课程。由于教育部门对法语教学的重视，这样的情况持续了很多年。第二阶段，从 20 世纪 50 年代开始，英语变得越来越重要，成为西班牙的第一大外语，且至今仍处于首要地位。第三阶段，从 20 世纪 70 年代至今，由于义务教育的推广，外语也成为义务教育的一部分，所有学生都需要掌握至少两门语言，掌握水平也是强制性的，这意味着外语教学第一次普及至所有学生。值得注意的是，直到 20 世纪 70 年代，外语教学还仅限于中学阶段，开始于 10—12 岁之间。自 20 世纪 70 年代起，随着《国家教育法》（*Ley de Educación General*）的颁布，所有学生需要在基础教育期间接受外语必修课。然而，尽管这一法令规定了从 10 岁甚至 8 岁开始接触外语学习，但在实践中并没有得到普及，因而并没有使外语学习的起始年龄提前太多。

在今天的西班牙，学生可以在各个阶段学习至少一门外语而不受其年龄的限制，语言学习的种类取决于学校的教学资源和学生的选择。大部分在公立学校就读的学生都将英语作为必修课，一小部分学生选择学习法语、德语、葡萄牙语或意大利语。根据西班牙教育与职业培训部（Ministerio de Educación y Formación Profesional）的数据，在西班牙各个阶段[1]的外语学习中，英语所占的比例为 94.2%，法语约占 1%，德语、意大利语、葡萄牙语等共占约 0.35%。[2]

20 世纪末，西班牙大多数自治区已经开始试点进行幼儿外语教育。1996年，西班牙教育文体部首次提出幼儿外语教育规划，允许公立学校在幼儿教育的第一阶段（3—6 岁）开展外语教学，但并不强制执行。进入小学阶段，

---

[1] 该数据包括西班牙幼儿教育第二阶段（E.Infantill Segundo Ciclo）、小学（E.Primaria）、初级中学（ESO）和高级中学（Bachillerato），数据取四阶段平均值。

[2] 参阅：西班牙国际教育系统指标。（Sistema Estatal de Indicadores de la Educación Ministerio de Educación y Formación Profesional，E6.1. Tabla 1. Porcentaje de alumnado que cursa lengua extranjeras，2019：44.）

西班牙政府规定学生从 8 岁起（即小学教育的第二个学年起），有义务学习一门外语，且每学年必须保证至少 170 个外语课时的学习，周课时数根据不同自治区的规定略有差别[①]。在初级中学阶段，学生需在英语、法语、德语和意大利语中选择两门语言分别作为必修的第一外语和选修的第二外语，而由于各学校在选修科目的设置上享有自主权，因此在初级中学的第四年，学生有可能选修两门外语，这取决于学校是否有足够的资源在其提供的选修课中组织第三外语的教学。在高级中学阶段，所有学生都需要完成相应的外语必修课，且规定学年最低的教学时长为 210 个课时，学生可以在一年或两年内完成外语学习，各自治区间没有明显差异[②]。

总体来看，在外语教育中，英语占据绝对优势，其次为法语，各自治区情况大体相同。加那利群岛和巴斯克地区的情况较为特殊，选择学习法语作为外语的人数超过了学习英语人数。此外，随着中国国际地位的提升以及中西两国间关系的日益密切，近年来西班牙也出现了中文学习热潮，其人数在短短 5 年内增长了 40 倍。截至 2018 年，西班牙全国有 200 余所中小学开设中文课程，据中国驻西班牙大使馆教育组统计，目前西班牙有 5 万余人学习中文，参加中文水平考试的人数居欧洲第一[③]。

2. 西班牙的本土语言教育

在佛朗哥政府统治时期，一直对除卡斯蒂利亚语以外的其他语言采取压制性的政策。直至 1978 年新宪法颁布，在确认卡斯蒂利亚语国家官方语言的同时，也承认了地区语言在自治区内的同等官方语言的地位。此外，新宪法还明确表示，西班牙境内的所有语言均为西班牙人民的共同财富，必须予以

① 参阅：西班牙 1991 年 6 月 14 日第 1006/1991 号皇家法令，《关于小学教育的最低教学要求（BOE 26-6-1991）》。
② 参阅：西班牙 10 月 2 日第 1178/1992 号皇家法令，《关于中学毕业会考的最低教学要求》。
③ 参见：国务院侨务办公室，《西班牙中文教学结硕果：参加中文考试人数居欧洲第一》。http://www.gqb.gov.cn/news/2018/1126/45675.shtml.

保护和鼓励，这就要求各地政府在教育领域做到统筹兼顾，关注不同语言的多元教学。

整体来看，西班牙的地区语言教学处于世界较为领先的地位，但各自治区的情况差异较大，其中较有代表性和参考性意义的是加泰罗尼亚和巴斯克自治区，两地参考借鉴了加拿大少数民族语言浸入式双语教育模式（以下简称"浸入式双语教育"），双语教育制度健全，体系较为完善，且取得了良好成效。其中，加泰罗尼亚地区受当地制度政策影响，双语教育普及率一直较高，自新宪法颁布以来，加泰罗尼亚自治区逐渐建立了以浸入式双语教育模式为主的教学体系，其形成大概可以分为三个阶段：1978—1983 年为第二语言教学式双语教育阶段，在该阶段 90% 以上的幼儿园和中小学都将加泰罗尼亚语作为一门课程来进行教学，并规定一定的课时数，一般每周不少于 3 课时，但由于卡斯蒂利亚语在社会上占统治地位，该种模式并没有取得太大成效。第二阶段始于 1983 年《语言正常化法令》的颁布，该法令规定加泰罗尼亚地区的所有学生，无论母语是哪种语言，在义务教育阶段结束时都必须能够掌握加泰罗尼亚语和卡斯蒂利亚语，同时规定加泰罗尼亚语为本地所有教育机构的主要交流用语，该法令标志着浸入式双语教育模式的开始，并迅速取得了一定成效。1984—1985 年，在公立学校接受浸入式双语教育的学生已有 3 万人，到 1988—1989 年已增至 6.5 万人左右[1]。进入第三阶段，经过 20 多年的努力，加泰罗尼亚地区居民的加泰罗尼亚语水平已有大幅度提高，年轻群体尤为突出，已有相当多的中学生的加泰罗尼亚语水平等同甚至超过其卡斯蒂利亚语的水平[2]。

在巴斯克地区，由于巴斯克语在历史上长期受到压制，到 20 世纪 70 年

---

[1] Artigal J M，The Catalan Immersion Program：A European Point of View，Ablex Publishing Corporation，1991：65.

[2] Artigal J M，The Catalan Immersion Program：A European Point of View，Ablex Publishing Corporation，1991：69.

代时，巴斯克语已变成了家庭语言[1]，并缺乏相应的文字和语法体系，因此，恢复和推广巴斯克语任务艰巨。1979 年，根据新宪法的基本精神，当地地区议会颁布了《自治章程》，规定巴斯克语和卡斯蒂利亚语均为当地官方语言。此后，随着 1982 年《巴斯克语正常化法令》和《双语法令》的颁布，当地的双语教育体系很快建立起来，并逐步形成了 4 种教学语言模式，分别为 A、B、D 和 X 模式。A 模式与加泰罗尼亚自治区的第一阶段类似，将巴斯克语作为一门课程教学，主要面向母语为卡斯蒂利亚语的儿童；B 模式面向的受众与 A 模式相同，将卡斯蒂利亚语与巴斯克语均作为教学语言，通常各占 50% 的教学时间；D 模式同时面向母语为巴斯克语和卡斯蒂利亚语的儿童，其教学语言在最开始为巴斯克语，直至小学三、四年级时才开始将卡斯蒂利亚语作为一门课程学习；X 模式主要面向短期移民家庭的孩子，为卡斯蒂利亚语的单语教学[2]。如今，经过 20 多年的发展，D 模式已成为最主要的双语教学模式[3]。此外，根据 ELFE Ⅱ[4] 研究，接受 D 模式教育的学生的巴斯克语水平明显优于接受 A、B 模式的学生[5]。

　　总的来看，无论是在外语教学方面，还是在本土语言的双语教学方面，西班牙均已建立起较完善的体系，并取得一定成效。这样的教育模式使得当地学生不仅能够在学习的同时保护地区语言，还能够较好地满足全球化发展对语言教学的要求，但由于语言与文化的多样性以及地区间的差异，这样的教育模式也存在一定的冲突和矛盾，如分裂主义倾向等，在此不作赘述。

---

[1] 余强：《西班牙少数民族地区的双语教育》，《世界民族》，2008（1）：52—53.

[2] Artigal J M. Catalanand Basque Immersi on Programs. In Hugo Baetens Beardsmore（ed.）. European Models of Bilingual Education.Multilingual Matters LTD，1993：46.

[3] Etxeberria F. New Challenges for Bilingual Education in the Basque Country. Intercultural Education，2003（14）：103.

[4] 参阅：ELEF Ⅱ：全国标准化阅读测试，一般情况下针对一到七年级学生，用于衡量其阅读理解能力和阅读流畅度。

[5] Artigal J M. Catalan and Basque Immersion Program.Hugo Baetens Beardsmore.European Models of Bilingual Education.Multilingual Matters LTD，1993：44.

第三章　南欧国家语言政策的成效分析

一、意大利国家官方语言推广的成效

（一）语言标准化政策推广的成效

1. 标准意大利语影响力显著提升

自 1861 年意大利王国建立以来，标准意大利语的推广始终是意大利语言政策的重中之重。1861 年意大利只有约 2% 的人懂得使用标准意大利语（即以托斯卡纳方言为基础的意大利语）。[1] 在意大利法西斯统治时期，标准意大利语更是墨索里尼政府推行法西斯独裁统治的重要工具。政府以强制性的行政命令禁止方言和少数群体语言的使用，禁止外来语言侵袭意大利语，并在全国范围内推广标准意大利语。这些法西斯政策客观上加强了标准意大利语的普及。

然而意大利法西斯政府对推广标准意大利语的强制命令并不能消除地域文化，也无法清除植根于人民生活中的方言和少数群体语言。事实上，直至 1987—1988 年，意大利的 6 岁以上居民仍有 32% 将方言作为日常生活的主要语言[2]。方言与少数群体语言的并存与标准意大利语的普及，实际上是二战后意大利语言状况的真实写照。1960—1968 年，国家电视台 RAI 与意大利教育

---

[1] 邵嘉骏、沈慧慧译：《剑桥意大利史》，北京：新星出版社，2017。
[2] 数据来源：Report Uso italiano dialetti altre lingue 2015.

部合作，推出了一个专门教授农民和文盲意大利语的电视节目。自从电视出现后，意大利农民每天可以通过电视节目更频繁、更直接地接触到标准的意大利语，这对意大利语的推广起到了重要的促进作用。[①] 直到 2015 年，意大利 6 岁以上居民才有将近 46% 的主要使用标准意大利语，而主要使用方言的人口则快速下降至 14.1%，也有越来越多的意大利居民在战后通过教育，学会了标准意大利语。

2. 多语教育推广的成效

（1）居民外语水平提升

随着二战后意大利的经济的复苏和发展，欧洲一体化进程的加强，以及全球化浪潮与国际贸易的扩张，外语在意大利国内受到了越来越多的重视，为更多的人所学习。在意大利外语掌握程度表现出了典型的年龄段特征：年轻人普遍掌握至少一门外语，且整体呈现出掌握外语的人群年轻化的特点。2015 年，6—24 岁的意大利居民中，有 80.1% 的人至少掌握一门外语，且这种外语普遍是英语。在 25—34 岁的居民中，其比例基本与前者相同。由此可见，外语教育在意大利的年轻群体中起到了很好的效果，绝大部分意大利年轻人都能够掌握至少一门外语。

（2）CLIL 教育逐步发展

随着欧盟的东扩，越来越多的欧洲国家加入欧盟，欧盟的官方语言也从最初的六国语言扩展到 30 余种。增进欧盟内部各国交流，强化欧盟合作，成为今日欧盟各国共同面临的主题，在这样的背景下，CLIL 教育进入了欧盟各国的视野。

CLIL 教育，即"（教学）内容与语言相互融合的学习"。2010 年 CLIL 正式进入意大利高中的教学体系，其课程分为两种类型：一种是围绕少数群体语言开展教学，另一种是以教授欧盟其他语言为目标开展教学。

[①] 李宝贵，史官圣：《意大利语言政策的演进及其特点》，《辽宁师范大学学报（社会科学版）》，2019：34。

CLIL 教育法催生了新的教育理论，Menken 和 García 在 2010 年提出"洋葱理论"，强调各层次教育的相互渗透。"洋葱理论"将教育比作一整个洋葱，不同的教育内容和层次是一层层的洋葱肉，老师起到"搅拌器"的作用，他们将自己的经历、信仰、知识与教育的"洋葱"搅拌在一起，传授给学生。[①]

这样的教学方法在诸如伦巴第大区（Lombardia）、皮埃蒙特大区（Piemonte）等国际化程度较高的区域受到广泛欢迎，中央政府和大区政府都在投入更多的资金，并正在加紧培训符合条件的教师，官方的培训体系也在逐步建立和强化，一套符合欧盟要求、适合意大利国情的 CLIL 教育体系正在发展。

（3）共同体意识的增强

在多语主义理念的指导下，如今意大利的语言教育，无论是 CLIL 教育，还是常规的外语教学，都有着明显的目的：强化欧盟共同体意识，构建语言的身份认同。

表 3-1　2005 年欧盟民意晴雨表[②]

陈述内容	欧盟每个人都应能使用母语之外的其他一门语言	欧洲联盟所有语言都应得到平等对待	欧盟每个人都应能使用同一门共同语	欧盟机构应使用一种语言与其公民交流	欧盟每个人都应能使用母语之外的其他两门语言
赞同比例（欧盟成员国平均）	84%	71%	70%	55%	50%

表 3-1 中 2005 年的欧盟民意晴雨表测验说明了欧盟各国公民（包括意大利）对联盟内部其他语言的态度。数据表明，绝大部分受访者都认同掌握一门外语的重要性，都认同语言平等的意义，多语主义的主张已经在欧盟内部

① Andrea R. Leone.Outlooks in Italy：CLIL as Language Education Policy. Working Papers in Educational Linguistics，2015.

② 田鹏：《认同视角下的欧盟语言政策研究》，博士学位论文，上海外国语大学，2010：59—69。

获得了很大的认同力。

在如今意大利的语言教育中，培养学生语言应用能力是教学的核心，学校在引导学生协调母语与外语的关系，保持多元开放的语言态度方面强调语言教育对欧洲一体化的意义。从《欧洲语言共同参考框架》的角度来看，意大利的语言教育提供了积极有益的方法，不仅拓展了语言教育的内容与方法，而且巩固了语言多样性在欧洲语言政策中的地位。这种语言与文化的多元性一方面可以化解社会中的族群矛盾与冲突，另一方面也通过多种语言共同叙事强化了每一种语言的身份认同。

3. 语言保护政策的成效

正如前文所述，意大利宪法、总统法令、大区法令均确认了少数群体语言的各项权利。其中，框架法 482/99 阐释了以下六项权利：

①受教育的权利。意大利小学和中学拥有授课的自主权，保护少数群体语言使用者使用其本族群语言接受教育的权利。意大利大学也应当采取措施，促进少数群体语言的语言培训和语言教学.

②在国家机构使用少数群体语言的权利。这些国家机构包括法院、检察院、政府、议会。如特伦蒂诺－上阿迪杰大区的大区章程第 100 条规定："博尔扎诺省讲德语的公民有权在省内在与司法机关和位于该省或具有区域管辖权的公共行政机构和办事处以及提供公共利益服务的特许经营商的关系中使用他们的语言。"少数群体语言使用者有权使用他们自己的语言与国家机关沟通、办事及开展诉讼。

③姓名权利。在意大利法西斯统治时期，许多少数群体语言的使用者被迫更改姓名，将本族群的姓名更改为标准意大利语的姓名，共和国的法律重新保障了他们自由命名的权利。

④地名权利。墨索里尼统治下的意大利曾下令将意大利境内诸多以少数群体语言和方言命名的城市、街道、店铺变更为标准意大利语名字，在意大利共和国成立之后，政府重新下令确保这些城市、街道、店铺恢复原名并使

用本族群语言命名的权利。

⑤媒体权利。根据《通信法》《公共广播电视服务法》等一系列法律，意大利政府承认了德语、斯洛文尼亚语、法语和拉第尼亚语使用群体的媒体权利，电视台有义务为其制作和播出使用其族群语言录制的节目。

⑥出版权利。少数群体语言有权使用本群体的语言撰写和出版书籍刊物。

以上六项权利均被意大利共和国的法律所保护，与共和国建立之前相比，意大利的少数群体语言得到了切实和全面的法律保护。政府建立了大量的双语学校，培养了一批双语教师队伍，资助编纂了一批双语教材，运用少数群体语言出版的书籍、报刊也不断增加，与此同时，媒体与传播事业也有了一定的起色。总的来说，框架法482/99促进了少数群体语言的传承与发展。

4. 移民语言政策的成效

近年来，来自北非和中东的难民大量涌入意大利，同时来自中东欧和东亚的移民数量也在增长，面对逐渐扩大的移民群体，意大利政府采取了"融合＋保护"的移民语言政策。一方面政府要求协助新移民学习并掌握意大利语，使其意大利语达到A2水平以应对日常生活；另一方面，要求各公立学校和居民社区将移民语言视为意大利当前社会语言的一部分加以保护，要求各学校保障外国学生使用母语的权利，鼓励居民社区组织外语活动，增进各族群之间的文化交流。为此，2001年意大利成立了一所新的国家机构——卓越研究中心（Centre of Excellence for Research），旨在监测和保护意大利新出现的移民语言。

与此同时，移民语言法律法规的完善也显得尤为重要。意大利最早公布的关于移民学生教育的制度文件可以追溯到1989年。CM 301/89是当时教育部的一份备忘录，涉及"将外国移民至意大利的学生纳入意大利义务教育体系，规定了一系列促进和协调外国学生行使学习权利的举措"。这是一份具有创新意义的文件，它是一种新教育制度的尝试，在尊重个人语言权利的基础上，包含了开展多语言与多文化教育活动所需的各项内容。该备忘录依据意大利宪法和相关欧洲立法的原则制定了一系列移民语言教育措施的实施标准，强调了教育系统在制定移民语言教育多样性政策方面的薄弱环节。1990 年继新颁布的移民法（L.39/1990）之后，意大利教育部在一份新的部长备忘录（CM 205/90）中再次提出了"使用原籍语言和文化"的关键词。在此背景下，意大利第一次引入了一个在未来几年备受教育界青睐的概念——跨文化教育，这一被视为多元文化社会的教育理念。自此，意大利开始构建跨文化教育项目，这些项目同时适用于意大利和外国学生，意大利移民语言教育的导向也从"注重区分语言课堂中不同语言与文化的特征"转变为"注重不同语言与文化的和谐共生，注重不同语言与文化对语言生态的贡献，以及注重不同语言与文化之间的比较"。

5. 意大利语国际化的成效

如今，意大利政府正在积极推广官方语言意大利语，特别注重在海外推广意大利语（Orioles，2011）。为此，佩鲁贾外国人大学和锡耶纳外国人大学，这两所意大利公立大学以及但丁学院正在发挥重要的作用。

意大利学者 Cecilia Robusteli 指出，但丁学院在意大利语教师培训方面，在将意大利语作为外语教学、研究和开发项目方面，以及在国外推广意大利语言和文化方面发挥着重要作用。但丁学院支持建立教授意大利语言与文化的学校、图书馆、社团和课程，支持出版意大利语教学相关的书籍和出版物，促进和意大利语言与文化推广相关主题的会议、文化游览、艺术、音乐活动，并为这些活动提供奖品和奖学金。此外，但丁学院下设意大利语委员会，旨在资助和宣传国家语言与文化活动，传播意大利语言与文化成就，如达芬奇、米开朗基罗、拉斐尔等文艺复兴时期的艺术家的艺术作品等，彰显意大利语言与文化的重要性。[①] 时至今日，但丁学院的分支委员会分布在意大利几乎所有省份和海外各个国家和地区，特别是在南美洲。2021 年，但丁学院在全球约 60 个国

---

① Cecilia Robusteli. Language policy in Italy：the role of national institutions. Hoepli Press，2019.

家设有 401 个委员会，组织了 8000 多门意大利语言和文化课程，注册学生超过 19 万人，在全球设置了 300 家图书馆，其图书数量超过 50 万册。

与此同时，意大利教育部也在积极推进意大利语语言能力与语言水平的认定工作。该项工作主要依据欧洲委员会在《欧洲共同语言参考框架》中制定的六个级别的评价量表，由但丁学院向语言测试者颁发 PLIDA 语言能力证书。PLIDA 语言能力证书是意大利政府官方认可的代表意大利语语言水平的证明。自 2012 年以来的 10 年间，但丁学院已成为意大利外交部推动的意大利语质量认证协会（CLIQ）的重要支点，意大利语质量认证协会汇集了意大利最权威的语言认证机构，如：但丁学院、佩鲁贾外国人大学和锡耶纳外国人大学和罗马第三大学。该协会旨在提供一个统一的意大利语语言认证系统，为全球意大利语学习者解决语言学习的标准化问题。

意大利凭借本国历史、文化、旅游、艺术、音乐、雕塑、时尚设计等领域的内在吸引力，助力意大利语与意大利文化的推广，除了但丁学院等语言与文化推广机构的迅速发展，"图兰朵计划""马可波罗计划"和"卓越计划"等一批意大利政府签批的人才教育计划也吸引了大批中国留学生赴意大利学习意大利语，这无疑壮大了意大利语教育产业。[①]

二、意大利对欧盟语言政策的影响

（一）意大利语言政策的影响

《欧洲语言共同参考框架》提出了一个雄心勃勃的语言教育目标，它虽然有着自己的局限性，但对欧洲现存的多种语言的语言能力与语言水平标准提供了标准。意大利在制定语言政策的经验和做法方面为欧盟语言政策提供了范例和积极有益的借鉴，本节将继续介绍一些意大利的语言政策实例。

---

① 李宝贵，史官圣，魏宇航：《意大利少数民族语言保护政策及其启示》，《大连大学学报》，2018：39（4）：5。

1. 语言政策的实例

自 1999 年框架法 482/99 颁布以来，意大利的语言政策进入了一个新的历史时期。意大利政府所推行的保护少数群体语言、强调多语主义的政策，是今日欧盟各国语言政策的一个缩影。

2. 强化欧盟语言政策理念

1992 年欧洲联盟成立之后，随着欧盟一体化进程的不断深入，为强化欧洲集体认同，欧盟不断调整其语言政策。这种调整主要体现在：从最初的"共同体机构多语制"，即强调共同体机构用全部成员国的官方语言为共同体公民提供服务，以体现不同成员国公民的平等，调整为原则上依然坚持共同体机构多语制，但在实际工作中更多地使用若干大的语种（使用人口多的语言），并开始强调提高公民的个人多语能力，提出"母语＋两门外语"的语言学习指导原则并着力推进。①

意大利的语言政策强调尊重民族范围内的少数群体语言的权利，尊重使用和教授少数群体语言的权利，尊重言论自由，接纳移民人口的语言，帮助移民人口融入当地社会，保持对多元化的开放心态，这些语言政策理念和欧盟的语言理念相互影响、相互渗透。

3. 意大利当下的语言问题

（1）法律完善但执行效果欠佳

《通信法》《广播电视服务法》等法律均规定了意大利的媒体应当保证少数群体语言享有广播电视节目的权利。但实际上，这些法律涵盖的范围有限，只能适用于特伦蒂诺－上阿迪杰大区博尔扎诺自治省的拉第尼亚语和德语、瓦莱达奥斯塔大区的法语和弗留利－威尼斯·朱利亚大区的斯洛文尼亚语。目前只有上述几种语言拥有自己语种的节目，而框架法 482/99 中提到的其他八种语言都没有自己的广播电视节目。

---

① 田鹏：《认同视角下的欧盟语言政策研究》，博士学位论文，上海外国语大学，2010：169。

　　一个值得注意的问题是，这些法律只规定了 RAI 有责任推出少数群体语言的节目，但对其他意大利媒体没有相应规定，这导致了意大利少数群体语言广播电视节目发展的不平衡与节目内容的匮乏。

　　此外，根据上述法律，RAI 每年会从政府部门获得 1400 万欧元的资金拨款，但其地方分支部门却缺少资金。另一个问题是对法律条文的解读差异，少数群体语言使用者认为，RAI 有义务主动制作相关广播电视节目，而 RAI 却认为，只有政府的资金明确资助哪些节目制作时，RAI 才对该节目制作履行义务。这种对法条解读的差异导致了 RAI 始终推卸自身的责任，不愿投入资源制作少数群体语言的电视节目。

　　（2）语言保护的马太效应

　　意大利语言学界指出，意大利当前的语言保护政策将重点放在了现有相关法律保护的一些少数群体语言，即历史上形成的少数群体语言，这导致了语言保护的"马太效应"。在《欧洲语言共同参考框架》的指导下，新兴的移民语言并没有得到有效的保护和更多的激励措施。在特殊情况下，移民语言和其他少数群体语言被考虑作为意大利学生的潜在资源，但"共同的趋势是忽视移民语言，认为他们是国家语言不和谐问题的来源，是对推广国家官方语言的阻碍"（Guerini，2011，121-122）。[1]

　　由于只有那些被认为是"历史形成的"少数群体语言才能得到法律意义上的保护，新兴的移民语言事实上面临着保护不到位和文化冲突的双重窘境。截至 2007 年，普拉托约 18 万的常住人口中，有约 1 万人是华人，占外国人总数（约 23000 人）的 40%。当地的华人社区日渐壮大，部分学者甚至认为，中文在当地的地位已经达到了"意大利语在汉语中寻找空间的地步"。与罗马的艾斯奎琳（Esquilino）社区类似，移民语言与本土语言的冲突也在发展。

---

[1] Leone A R.Outlooks in Italy：CLIL as Language Education Policy，2015：106.

4. 对中国的启示

（1）完善语言保护相关立法

意大利在语言保护方面，特别是少数群体语言的保护方面有相对完善的法律体系作支撑，语言保护也规定得比较细致和具体，配套措施也相对完善。

近些年，我国少数民族语言的法律建设取得了长足发展，然而"国家有关部门起草的《少数民族语言文字法》及各自治区《关于〈民族区域自治法〉的实施细则》《关于〈语言文字工作条例〉的实施细则》等法规迟迟未能出台，至今尚未形成比较完整的、系统的少数民族语言文字权利的法律法规体系，其法律的保障功能还未能充分发挥作用"[①]。

因此，我们可以学习意大利在语言保护方面的立法经验，尽快制定完善少数民族语言保护的法律法规，细化规则规定，完善配套措施，保障少数民族语言健康发展。

（2）落实语言保护资金

意大利的语言保护面临一个很重要的问题就是资金分配的失衡。意大利国家电视台（RAI）总部拿走了大部分政府补贴，但其地方分支机构却缺少用来制作少数群体语言的广播电视节目的资金。国家的实际拨款也和预算相差甚远，宏大的保护计划只能化为空中楼阁。

为了落实语言保护资金，我们可以设立专项基金，确保充足稳定的拨款。每年应当作好语言保护项目的规划，明确资金去向，科学合理地划分部门职责，完善资金使用程序，提升资金使用效率。

（3）推进双语教学

意大利少数群体语言使用地区的教学大致呈现出两个特点：一是注重教学方法的优化，教育部鼓励开展一些实验性项目，提倡教学的科学性和适用

---

① 图亚：《西藏、新疆、内蒙古三个自治区语言立法现状与完善》，硕士学位论文，内蒙古大学，2014：2；转引自李宝贵，史官圣，魏宇航：《意大利少数民族语言保护政策及其启示》，《大连大学学报》，2018，39（4）：50。

性；二是增强教师的作用，重视教师教学技能的培训和教师队伍的更新。我国目前双语课程的教学方式主要以简单的对比与翻译为主，教材选编和课程设置针对性和实用性不强。①

为了切实推进双语教学，我们应当在以下几方面着手：①编纂更适合少数民族语言特色、符合生活情景的教科书，针对具体的语言教学对象设置教材内容，提升教材的编写水平。②鼓励、资助少数民族地区的高校、研究机构开展更丰富的研究项目，鼓励少数民族语言理论的创新和发展，挖掘少数民族语言的宝贵资源。③推进教学方法和教学模式的革新，鼓励创新型教学，探索和发展更为科学合理、更适合民族特色的教学技巧。④完善改进多层次的少数民族双语教学体系，开设更多的双语教学学校，创造更多的双语教学机会。⑤培养少数民族师资队伍，提升教师待遇，完善教师培养和成长体系，为少数民族双语教学教师提供充足的升职机会，建立一支高水平的教师队伍。

（4）多方位保障媒体权利

在保障少数民族本民族语言在广播电视节目、书籍报刊等出版物中使用权利的基础上，在媒体队伍中吸收更多少数民族人士，鼓励少数民族使用本民族语言创作文艺作品、编排广播电视节目，在新媒体日新月异的背景下，鼓励少数民族使用新媒体手段传承和发展本民族的语言文字和本民族的文化。

三、意大利多语教育和多语主义战略的思考和启示

在经济全球化的背景下，我国的语言生活现状变得更为复杂。发达国家凭借经济全球化传播本国的优势语言和文化。作为发展中国家，我国需要立足国情以适应语言国际化的浪潮，通过保护本国语言文化主权与文化安全来提高民族语言文化认同感，通过促进语言文化对外传播来提升语言文化软权

---

① 李宝贵，史官圣，魏宇航：《意大利少数民族语言保护政策及其启示》，《大连大学学报》，2018：39。

力，维护国家文化发展战略，这也是目前国家语言教育政策的目标定位与制定思路。

我国是一个多民族、多语种、多文化的国家，不同语言之间的和谐关系显得尤为重要。我国政府对待民族语言的一贯政策是，各民族一律平等。在语言问题上，尊重少数民族使用和发展自己语言文字的自由。正因为语言和谐对社会发展有着积极的作用，所以构建语言和谐也成为我国政府构建和谐社会的一个组成部分。语言和谐，不等于没有语言矛盾，没有语言竞争，语言和谐往往是在语言矛盾和语言竞争中实现的。所以，在研究语言和谐时，必须研究语言竞争。多语言共处于一个社会之中，由于语言功能的差异，在使用时必然会出现语言间的竞争。语言竞争是语言关系的产物，是调整语言关系使之适应社会需要的手段。在多语社会里，语言竞争是协调语言关系、使不同的语言按社会发展的需要演变的重要手段。它能使不同的语言通过竞争，调整不同语言的功能和特点，发挥各种语言应有的作用。

语言竞争往往表现在语言地位、使用范围等方面的争夺上。其结果常常出现：①语言的地位发生变化，有的语言地位升高，有的降低；②语言的使用范围发生变化，有的语言范围扩大，有的缩小，有的移位；③母语和兼用语的关系发生升降变化；④语言态度发生变化，对母语或兼用语的地位认识出现升降；等等。语言竞争，虽是一种不以人们意志为转移的自然现象，但人们可以通过语言规划、语言政策来加以规范，引导语言向理想的方向发展。比如，我国南方少数民族地区中小学的汉语文和少数民族语文教学，根据多年来民族地区经济、文化的变化，以及教学中存在的问题，其比例有过多次的调整，更好地适应了社会的变化和需要。

认识语言竞争的性质，必须涉及"强势语言"和"弱势语言"两个不同的概念。存在于同一社会的不同语言，由于各种内外原因（包括语言内部的或语言外部的、历史的或现时的），其功能是不一致的。有的语言，功能强些；有的语言，功能弱些。强弱的不同，使语言在使用中自然分为"强势语言"和"弱势语言"。这是客观存在的事实。多语社会的语言，语言竞争通常出现在强势语言与弱势语言之间，其关系错综复杂。所以，要准确解决一个多民族国家的语言关系，区分这一对概念是必要的，也是不能回避的。

"强势"与"弱势"是相对的。汉语是强势语言，是就全国范围而言的。在我国的少数民族地区，不同的少数民族语言，其功能也不相同。其中，使用人口较多、分布较广的少数民族语言，是强势语言；使用人口较少、分布较窄的少数民族语言，则是弱势语言。其"强势"与"弱势"之分，是就局部地区而言的。如：在我国的新疆维吾尔自治区，在维吾尔、哈萨克、柯尔克孜等民族杂居的地区，维吾尔语通行最广，是强势语言，其他少数民族语言则是弱势语言。在广西壮族自治区，壮族人口多，与毛南语、仫佬语相比，壮语是强势语言，一些毛南人、仫佬人兼用壮语，甚至转用了壮语。如果就全国范围来说，维吾尔语和壮语则可称为"亚强势语言"。

语言竞争存在不同的走向。一种走向是互相竞争的语言长期共存，功能上各尽其职，结构上相互补充，在竞争中，各自稳定使用。虽有强弱差异，但弱者有其使用的范围，不可替代，不致在竞争中失去地位。我国少数民族语言和汉语的关系多数属于这类。另一种走向是弱势语言在与强势语言的较量中，功能大幅度下降，走向衰退。其表现：功能衰退的语言，只在某些范围内（如家庭内部、亲友之间、小集市上等）使用；部分地区出现语言转用。这类语言，可称为衰变语言。还有一种走向：弱势语言在竞争中走向濒危，在使用中完全被强势语言所代替。我国历史上分布在北方的一些语言，如西夏、鲜卑、契丹、女真、焉耆、龟兹等语言，都在语言竞争中消亡了。目前，还有一些语言正处于濒危状态或衰变状态，如仡佬语、土家语、仙岛语等。以上三种不同的走向，反映了语言竞争的不同层次。构建多语和谐，要引导语言朝第一种走向发展，保持一个多语国家的语言多样性。

构建语言和谐，必须处理好强势语言和弱势语言的关系。我国语言教育的现实困境在于母语教育的权利未得到充分保护，民族语言教育资源匮乏，语言教育生态失衡等，这些问题阻碍了语言文化软权力的提升和国家文化利益的实现。汉语是中华民族民族认同的标志，是维护民族团结、提升民族凝聚力的基础。目前，面对英语教育对汉语教育的挤压，我国国民的汉语言文化水平有所下降，民族认同感和凝聚力有下滑的迹象。同样，面对部分少数民族语言濒危的现象，以语言权利为价值取向的少数民族语言教育政策也难以解决。

作为经济后发型国家，我国的外语教育政策多是以语言资源作为取向的，虽然外语教育得到迅速、长足的发展，但是外语与母语地位倒置，导致外语教育的优势地位严重冲击着汉语和少数民族语言教育。这不仅阻碍民族语言文化的传承与发展，降低民族语言的文化认同程度，同时也不利于语言生态和文化的多元发展。改革开放40多年来，我国正从本土型国家向国际型国家转变，对外既要面向世界，扩大开发，促进国际交流合作，同时在国际语言生活中更要反对大国语言霸权；对内要坚持文化的多样性，要维护民族语言的纯洁性，促进民族语言的规范化，保存好民族语言的文化基因。我们可以从不同国家语言教育政策和语言保护政策中汲取经验。本章节将继续分析意大利及西班牙语言教育政策和语言保护的一些做法。

（一）意大利语言教育政策和语言保护政策的特点

1. 连续统一的外语教育目标

意大利各大区有权独自规划和管理中小学外语教学、制定教学大纲，每个学校可以独立设置外语语种、安排教学内容；同时，每名学生可以自由选择第一、第二和第三外语。因此，意大利中小学外语教学的实际情况相当复杂。但是，中小学不同阶段的外语教育坚持共同的培养目标和原则。为此，需要确定统一的教学目标和规范课程标准，以便中小学生在不同阶段达到相应的外语能力水平。

不同阶段、不同语种借助于同一个量化指标测评的方式是中小学外语教育一条龙的质量保障和有力补充，是多语教育政策在整个国家范围内同步、科学、有效推行的重要手段。量化指标有助于意大利中小学外语教育与欧盟，甚至世界的外语教育标准接轨。意大利外语教育的目标不是让学生简单地学习语言，而是同时注重人的培养，让每个学生能够用语言进行交际，具备跨文化能力，能够应对终身学习的挑战，从而真正实现个人的独立成长。这一点体现在中小学各阶段的外语学科课程标准和外语能力培养模型中。例如，意大利中学第一阶段第一外语的课程标准明确指出，发展跨文化能力是学校教育的重要任务和培养目标之一，而外语课程对此的贡献最大。各语种《统一的高中毕业考试要求》从语言、跨文化能力、篇章及媒体能力、方法能力四个方面考查文理中学毕业生的外语能力。

综上所述，意大利中小学各阶段的外语教育目标是统一的，即让意大利学生胜任"全球化、欧洲一体化、移民潮和难民潮及其引发形成的多语言多文化环境"，这也是中小学外语教育一条龙最鲜明的特征。

2. 学生可选择的和必修的外语语种多

意大利中小学推行多语教育政策的首要目的是通过以下两个方面扩大外语语种的覆盖面，其一是学生可学的外语语种多，其二是每名学生需要学习的外语语种多。

意大利是欧洲乃至全世界在中小学设置外语语种较多的国家之一，意大利小学为学生提供了不同形式的外语课。还有 Liceo linguistico（语言类高中），此类高中以语言（共三门）为核心科目，颇受意大利家长们的青睐，其中英语为必修课，剩余两门由学生在法语、德语、西班牙语、葡萄牙语中自由选择。同时，在米兰有近30%的语言类高中已经开始将中文课程列入前两年学习科目中，这些科目包括：意大利语、英语、第一语言、第二语言、数学、体育、历史地理、拉丁语及宗教。后三年学习科目：意大利语、英语、第一语言、第二语言、数学、体育、宗教、艺术历史以及哲学。在以上两个阶段的学习中，"第一语言"和"第二语言"中分别包括了汉语。

也有一些大区允许学校根据实际情况将荷兰语、波兰语等邻国语言，或者外来移民使用较多的语言，如德语、葡萄牙语、西班牙语、俄语、土耳其语等，设置为外语必修课。此外，很多学校从小学一年级开始就有外语选修课，涵盖了希腊语、阿拉伯语、波斯尼亚语、克罗地亚语、塞尔维亚语、斯洛伐克语、汉语、日语等更多的语种。意大利学生在中学阶段可学习的外语同样很多，其中很多外语语种是延续小学所学的外语。除单纯的外语课外，意大利还有不少中小学采用双语教学模式，该模式覆盖了很多语种，除传统的英语、法语和俄语外，近年来还在边境地区增加了双语授课的课程。

3. 灵活多元的外语教师聘任和培训制度

意大利中小学外语课程语种多、课型丰富，导致中小学外语教师需求大、教学任务重，为此意大利采取了灵活多元的外语教师聘任和培训制度。

意大利中小学既有固定编制的外语教师，也有按学时支付薪酬的聘任教师，还有由对象国派遣和资助的外籍教师。这种灵活的外语教师聘任制度，在很大程度上解决了某些语种师资不足、学校经费不足等问题，但也容易产生各地区、各学校教学内容不统一，教学水平参差不齐的现象。意大利历来有外语教师培训的传统。教师培训既有校内的、本地区的，也有跨地区或跨国的；既有意大利教育部门主办的，也有与对象国相关机构合作或由对象国方面主办的；既有实地的，也有在线的。

那不勒斯东方大学孔子学院注重汉语教学的本土化，追求高质量的课堂教学，努力践行汉语教学专业化、汉语水平考试规范化、文化活动品牌化。截至 2020 年 9 月，那不勒斯东方大学孔子学院共下设有 5 个孔子课堂，以及 4 个教学点。孔子学院连续两年和上海外国语大学联合举办"本土汉语教师特色夏令营"，为那不勒斯及坎帕尼亚大区（Campania）的汉语教学提供了本土师资力量。孔子学院坚持"在东方大学听课 + 中国大学进修 + 孔子学院（课堂）听课或实习"的"三阶段"分步骤综合培训方法，这些培训便于外语教师更新对象国知识，充实教学材料，提高教学水平，从而确保教学质量。

4. 丰富多样的国际合作与交流

为了推进意大利语言在国内的推广和对外的文化输出，意大利政府采取了一系列措施。除常规的学校外语教学外，意大利政府和民间机构通过各种方式推动校际的国际合作和师生的互换交流。由于开设汉语课的中小学越来越多，各个机构组织和开展的对华交流也愈加频繁和深入。米兰国际学校为来自不同国家、文化和背景的学生群体提供多语言教育和广泛的基础教育，以英语作为主要的学习语言，辅以其他多种语言。学校培养世界公民，学生能在广泛的领域获得成功；学校提倡双语和多语教学作为发展语言技能和文化理解的方式，来培养具有国际意识的学生。

通过国际交流与合作，意大利教师和学生不仅能够亲身体验目标语国家的风土人情、社会文化，还能完全沉浸在目标语环境下，接受地道丰富的语言输入，与当地人进行真实的交流，培养跨文化能力，这些都是对学校外语教育的有力补充。

5. 意大利外语教育对我国的启示

我国是多民族的国家，民族平等、民族团结和各民族共同繁荣是社会主义处理民族问题的原则。针对少数民族语言教育，从意大利语言保护政策以及语言教育政策的制定与实施经验中，应该认识到维护语言的多样性就是维护语言生态、促进民族团结、提升民族凝聚力的重要源泉之一。因此，中国应大力发展民汉双语教育和外语教育相结合的多语教育体系，培养既通晓民族语言又懂汉语的多语人才。

此外，在对外汉语教育方面，为促进汉语和中国文化的对外传播、提升语言的感召力和文化的影响力，在政策层面应探讨促进汉语传播更加有效的模式和制度。同时，加大孔子学院的制度创新建设，充分利用互联网的平台和资源促进汉语进入全球社会语言生活。

（1）在中小学倡导和发展多语教育

我国中小学外语教育首先需要增加外语语种，发展多语教育。社会生活的不同领域和不同人群对外语的需求和应用是有差别的，我国应依据国情，根据地域差异逐步引入和扩大多语教学。例如，在外语师资优越、外语需求较大的大城市，建议从小学开始增加覆盖面较大的语种作为第一外语，在边境省份增加邻国语种作为第一外语，同时鼓励中小学生从小接触和学习第二外语，甚至第三外语。这样既能为中小学生创造多语学习的机会，培养他们的多语学习意识和终身学习能力，又能为国家培养高素质的多语人才奠定基础。在发展多语教育的同时，我们还要尽可能减轻学生的负担，允许学生针对不同语种选择不同的学习水平，适当降低第二外语的考试要求，也要允许学生自由选择外语语种参加高考。

（2）鼓励中小学生学习非通用语

我国应鼓励中小学生学习非通用语，这是培养非通用语高端人才、改善我国外语人才语种单一现状的有效途径。我们在鼓励中小学生学习非通用语时，需要处理好国家需求、学生个人发展与外语习得规律的关系，既要根据国家和社会需求，出台政策鼓励中小学生将英语之外的其他语种作为第一外语，又要组织专家团队编写高品质的教材，设计适合中小学生学习的课程，特别是要从学生的个人发展出发，为优秀的毕业生提供绿色上升通道。此外，根据国家战略的需要，针对与国家利益休戚相关的非通用语种，我国应鼓励和选拔有志向、有外语天赋的人才从小学开始持续学习这类非通用语，为其提供奖学金到对象国留学，以便为国家储备稀有的外语战略资源。

（3）完善中小学外语教育承续性发展

我国应建构涵盖小学、初中、高中以及职业教育的外语教育承续性发展框架，确保外语教育，特别是多语教育贯穿中小学始终。

第一，中小学外语教育一条龙应被视为我国外语教育的基本政策。

第二，承续性培养体系的核心是不同学段坚持共同的培养目标和原则，外语教育应该不仅仅是将语言作为知识或"实体"的传授，更应具备跨文化教育、素质教育和人文主义教育的价值。因此，应依托新课标制定和修订义务教育阶段所有外语语种的课程标准，切实落实立德树人的根本任务，突出外语学科的育人价值，充分发挥外语课程在人才培养中的核心作用。

第三，除培养目标外，在外语教育承续性发展框架内，既要确保连贯的外语学习安排，又要考虑到不同学段之间语种的衔接。此外，外语教育能力的高低从根本上取决于外语教育人才队伍的素质与水平。我国可借鉴意大利的经验，实行灵活的教学方式。例如，中小学建立跨校、跨年级的外语学习小组，或借助数字化教学、慕课等实现不同教育机构间的资源共享和教学资源的最大化利用；高校还可以与中小学建立长期有效的互助合作关系，衔接中小学与大学的外语课程，在避免资源浪费的同时有效培养非通用语的高端人才。

第四，除了关注中小学生的校内外语学习外，还应尽量创造和增加中小学生与对象国母语者交流和对话的机会，不仅让他们"走出去"，也邀请更多对象国的中小学生"走进来"。这种真实语境下的外语学习以及与母语者的深入互动，有助于学生充分理解对象国的思维方式、行为准则、社会习俗等文化知识，培养学生行之有效的跨文化能力。

四、西班牙对外语言传播政策及其启示

受殖民历史的影响，全球有 20 多个以西班牙语为母语的国家。现如今，西班牙语一跃成为世界第二大语言，其使用人口遍布世界，除了历史原因之外，也与西班牙强势的对外语言推广政策密不可分。归纳其政策，主要表现为维护西班牙语的官方地位，推行"泛西班牙主义"，增进西语世界人群的语言认同及身份认同，使之保持积极的语言态度；规范西班牙语的书写规则、语法、词汇等，确保不同地区西班牙语的同一性；设立专门的语言文化推广机构，推进语言和文化的传播。纵观西班牙全球语言推广历程，

不难发现其中的语言帝国主义特色及后殖民主义色彩。但其语言推广依托国家发展战略，展开多方协作，丰富传播主体，拓宽传播渠道，以文化传播带动语言传播等方面的成功经验是值得学习的，可为汉语的国际推广提供参考和借鉴。

据塞万提斯学院年度报告显示，截至 2018 年年底，全世界以西班牙语为母语的人数已经超过 4.8 亿。西班牙语作为第一语言、第二语言的使用人口累计超过 5.8 亿，占世界总人口的 7.6%。而根据 2017 年联合国人口统计及预测数据，到 2050 年，西语使用人数将超过 7.6 亿。当前，西班牙语在使用人数上已经成为世界第三大语言，仅次于汉语、英语，使用人群遍布世界，辐射欧洲、美洲、非洲及亚洲部分地区。

不可否认，西班牙语现已是全球最具影响力的国际通用语之一，在西语国际化进程中，西班牙语言推广政策发挥了举足轻重的作用。自 15 世纪欧洲人发现新大陆并进而统领全世界之时，"语言作为立国的工具"的重要性就得到了人们的认可[1]。1492 年，哥伦布及其舰队踏上拉美的土地，自此，西班牙人在拉美建立殖民地，并迅速普及西班牙语作为统治语言。然而，直至 1978 年宪法公投通过并实施前，西班牙都没有形成一种确定的语言传播政策。其他的西班牙语国家，情况也大多如此。

独裁统治结束后的民主西班牙，扩大了它的对外贸易，其中拉丁美洲和美国更是其出口贸易的主要对象。贸易的往来离不开语言的辅助，因此，出口国出于贸易的需要培养对象国语言学习人才；此外，大量拉丁美洲移民涌入美国，使西班牙语一跃成为美国位列第一的"第二语言"。在这样的背景下，西班牙语国家开始关注自身的语言传播，并开始制定语言传播的基本方针，如给予资金支持、筹建语言推广机构等。

---

[1] 张西平，柳若梅：《世界主要国家语言推广政策概览》，北京：外语教学与研究出版社，2001：15。

（一）西班牙语对外语言推广历程

毋庸置疑，在西班牙制定对外语言推广政策之前，西班牙语在世界范围的传播已经历了长足发展。西班牙第一共和国执政期间，先后在国内及海外建立了"西班牙艺术学校""文化事业处"，后更名为"文化事务所"，隶属于"美洲所"。西班牙第二共和国延承了这一机构，并颁布了海外西班牙语规范机制①。除开政府层面的语言传播，许多人出于个人责任感，也为西班牙语的传播与推广作出了贡献。这些个人的行为没有任何机构或者政府的资助，完全自愿②。这些民间的个人行为并没有完整的书面记载，但有部分组织延续至今，如在法西班牙人成立的"一代西班牙人"仍会不定期向当地西班牙人推送文娱活动。

进入佛朗哥独裁时期，西班牙所有与语言传播相关的政策均服务于其独裁统治。佛朗哥政府在拉丁美洲奉行"语言帝国主义"，确保西班牙语在该地区的强势地位。1940年，该政府专门成立了"西班牙语世界委员会"，其主要目的在于维护西班牙语在全世界范围的纯粹性。五年后，这一机构更名为"西班牙文化学院"，希望通过名称的变更弱化帝国主义的色彩。但事实上，语言帝国主义在拉丁美洲地区影响深远，即这些官方语言是西班牙语的非西班牙国家经常将西班牙视为西班牙语世界的"母国"，"文化与价值系统相似""命运相仿""信奉基督－天主教"等观念在西班牙语国家的官方发言及其民族心目中都根深蒂固③。

进入民主西班牙时期，即1978年西班牙宪法颁布并实施后，西班牙的政

---

① Acillona J，Pablo. Los centros culturales y educativos en el exterior. La Dirección General de Relaciones Culturales y Científicas. Madrid：Ministerio de Asuntos Exteriores，1998：165-207.

② Aquilino S. Política de difusión del español. International Journal of the Sociology of Language，1992（95）：52.

③ Aquilino S. Política de difusión del español. International Journal of the Sociology of Language，1992（95）：53.

治、经济、文化面貌发生了巨大改变。同时，宪法还确立了西班牙语官方语言地位，并规定要尊重和保护西班牙语各种语言形态。这些规定促进了西班牙民主时期的对外语言推广政策的制定，这些政策又在1985年西班牙加入欧共体之后得到了进一步的发展。

民主新时期的西班牙语言推广工作得到了以下国家部门、机构的支持和帮助。

1. 外交部

为了确保西班牙语及西班牙文化在海外的传播与推广，外交部建立了一个对外语言教学机构体系，其中包括西班牙办学的学校、两国合作办学学校、欧洲学校的特设部门、西班牙驻外大使馆的教育组、科技组等，具体如图3-1所示。其主要目的在于在对外西班牙语教学中传播语言和文化，同时组织开展各类西班牙语教育与学习及西班牙文化推广的活动；此外，还负责向海外派遣西班牙语教师，资助出版西班牙语相关书籍，向从事西班牙语教学的国

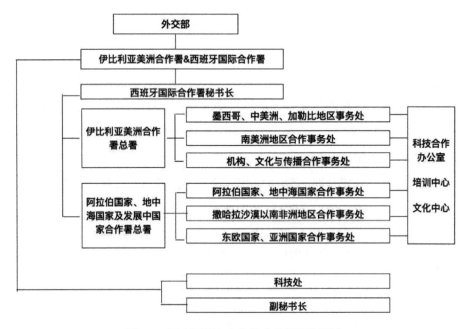

图 3-1　西班牙语言文化推广传播网络图谱

外教学单位提供资金支持或书籍资料等。

图中各合作署主要职能是为与不同地区、不同国家展开政治、经济、文化等方面的合作交流，同时也兼具了推广与传播语言的使命。可以说，隶属于外交部的西班牙国际合作署和塞万提斯学院是西班牙语全球推广和传播进程中的架海金梁。此外，外交部还向来西班牙学习的留学生和访问学者提供奖学金，奖学金项目众多，资助期限不等，资金投入也在逐年增加。通过奖学金的发放，吸引更多学者来西班牙进修、研究。

2. 西班牙教育文化体育部

西班牙教育文化体育部由早期的西班牙教育科技部与文化部合并整合而成。20 世纪 80 年代，当时的教育科技部开始在西班牙以外的国家（主要集中在欧洲，如法国、葡萄牙等）设立学校，服务于当地大量的西班牙移民。同时，教育科技部也积极在国外高校开设西班牙语学习班。这些移民子弟的母语学习需求推动了教育科技部的办学进程。这些为二代移民开办的学校逐渐演变成了推广西班牙语及西班牙文化的机构，并在母语为非西班牙语的本地人群中传播开来。

1989 年，西班牙教育部开始推行西班牙语等级考试，并根据成绩颁发西班牙语初级证书、西班牙语高级证书。西班牙语等级考试发展的系统化、成熟化以及不断的完善化推动了对外西班牙语教学的评估机制。认定西班牙语国际水平与每个水平所对应的西班牙语知识，直接影响甚至决定着对外西班牙语教学的内容和形式。这一决策也促进了国外高校中与西班牙语学习相关专业的开设.

此外，当时的西班牙文化部下属的文化合作总署还专门成立了西班牙语传播中心。该中心最重要的贡献便是给海外西班牙语教师提供西班牙语教材以及辅助教学的影像资料。这些举措也促进了对外西班牙语教学方法的革新，从传统的直接法、翻译法向听说法、交际法、任务教学法过渡。

3. 西班牙国家电台与电视台

西班牙国家电台有一系列的对外广播台，24 小时不间断放送。广播节目可以分为三大类：信息类，如《西班牙之窗》《全景西班牙》《不一样的西班牙》《合作》；推广类，如《实事圆桌》；音乐类，如《西班牙轻音乐》。这些节目不仅为西班牙语世界人民提供咨询，也为全球母语为西班牙语的人群提供了学习平台。值得一提的是，西班牙电台还与塞万提斯学院创办了专题语言学习节目《无国界的语言——西班牙语》，从词汇、语法、语音到西班牙语历史再到西班牙语文学，无一不涉及，全面、系统地为西班牙语学习者讲授西班牙语知识，同时还配有录音磁带，并向一些西班牙语教学机构免费发放。

西班牙国家电视台则是开通西班牙语国际台，面向全球转播。除播放常规电视节目以外，还专门制作了西班牙语学习类节目、西班牙文化介绍类节目。另单开伊比利亚美洲教育台，更多关注与西班牙语教学成果展示、最新西班牙语教学咨询及最新教学技术手段等。海外观众足不出户便可在家通过看电视学习西班牙语与西班牙传统文化，了解西班牙实时资讯。

（二）西班牙的语言推广政策

1. 维护语言地位，强化西语意识

西班牙现行宪法中规定了西班牙语的官方语言的地位，所有的公民都有学习并使用西班牙语的权利和义务[①]。国家的政治语言、媒体语言、教育语言等均为西班牙语。尊重西班牙语的权威性的同时承认其他民族语言存在的合法性。因此在民族语言使用地区大多实行双语政策。大部分拉丁美洲国家，作为曾经的西班牙殖民地，在制定语言政策时与西班牙有很大的相似性，即在宪法中规定西班牙语的官方地位，强调西班牙语的社会职能，同时尊重和

---

① 参阅：西班牙宪法第三条第一点，原文如下：Artículo 3：1. El castellano es la lengua española ofificial del Estado. Todos los españoles tienen el deber de conocerla y el derecho a usarla.

承认民族语言的合法地位。鉴于其社会地位的明显优越性，西班牙语在拉丁美洲占绝对主导地位。大多数的拉丁美洲原住民后代出于各种原因，都更倾向于使用西班牙语，对本民族的语言的态度反而比较消极。

除了宪法规定之外，不得不提到西班牙政府大力推行的"泛西班牙主义"（Panhispanismo）语言政策。维克多·加西亚·德拉孔查[①]认为所有讲西班牙语的人应该团结起来捍卫它、传播它，并在社会生活中不断使之丰富，从而使西班牙语成为越来越多人的母语。伊比利亚美洲国家，因为使用着共同的语言，应该被视为一个整体，被视为一个被语言凝聚起来的团结而有力的社区。[②]维克多的观点很好地阐释了什么是"泛西班牙主义"，即强化所有西班牙语人群的母语意识，增强其语言认同感，并将这种集体认同灌输给所有以西语为官方语言的国家。

过渡到民主政府后，西班牙结束了佛朗哥独裁统治时期的孤立状态，其国际形象及政治经济形象都发生了根本性的变化。彼时的西班牙政府通过加入欧盟组织，加强了与欧洲各国的联系，同时，"泛西班牙主义"的推行又使其从一众欧盟国家中脱颖而出，增进了与前殖民地国家的关系与往来。纵观这一语言推广政策的实行，不难发现西班牙语言学院协会的重要作用。这一协会由 23 个西语国家的语言学院构成，致力于维护西班牙语的完整性和统一性，同时保证西班牙语的发展与其传统及本质相一致[③]。各西语国家语言学院，除致力于本国西班牙语规范以外，也负责本国语言的语言学研究及推广传播。从学院构成来看，除了本国院士以外，也包含了外籍通讯员，非西班牙国家的外籍通讯员一般以西班牙籍为主。

---

① 维克多·加西亚·德拉孔查（Víctor García de la Concha），西班牙语著名的语言学家，曾为西班牙皇家语言学院的第二十八任院长。两任任期满之后，又被授予名誉主席称号。在 2012—2017 年间担任塞万提斯学院院长一职。

② Ponte A S. La política lingüística panhispánica y sus nuevos instrumentos de difusión ideológica. Revista Digital de Políticas Lingüísticas（RDPL），2019（11）：90.

③ 刘建：《西班牙语在世界各地的推广》，《国际汉语教学动态与研究》，2005（2）：45.

由此可见，在西班牙的积极推动下，各西语国家遵循同样的语言管理模式，彼此之间以语言为纽带连接。不断强化西班牙语的主导地位与社会职责来加强民众的语言意识及语言忠诚度，并以此来增进不同民族、不同国家之间的凝聚力。

2. 规范语言使用，维护西语"纯洁"

在西班牙殖民者到达拉丁美洲之前，这里使用着上千种原住民语言，在殖民过程中，又涌入了大量来自不同国家的移民。因此，拉丁美洲的语言生态极为复杂。为了推广西班牙语的使用，仅确立其官方地位是不够的，同时还须要防止西班牙语在语言融合过程中的错用、滥用等情况。也正是鉴于此，才有了西班牙皇家语言学院及各西语国家语言学院的诞生。正如上文提到，这些语言学院的主要职责便是致力于西班牙语的规范化，通过共同努力，保证西班牙语在不断适应使用者需要的过程中，整体上和本质上的同一性不被破坏。

为了维护西班牙语的"纯洁性"，西班牙皇家语言学院做了一系列工作：

（1）编撰词典。西班牙皇家语言学院自成立之初就在编著并不断更新完善《西班牙语词典》，并成立专门的词典编撰委员会。这本词典作为西班牙语的基础，收录了所有词汇的释义，同时也包括了拉丁美洲西语词汇的用法。

（2）西语释疑词典。皇家语言学院成立了专门的"每日西班牙语"部，每日接受约250个关于西班牙语词汇、正字法或语法方面的提问咨询。这些咨询者一半来自西班牙，40%来自拉丁美洲国家（大多来自阿根廷、墨西哥、委内瑞拉、哥伦比亚、智利等），其余10%来自世界各地，这其中又以欧盟其他国家和巴西居多[①]。所有用户均可通过网络自由地访问该词典，并获取一些最新的衍生词的词义。

（3）收集整理西班牙语语料库，编撰西班牙语历史词典，丰富历时语料；编撰拉丁美洲西语词典，包括拉丁美洲特有动植物、食物相关词汇，拉美西

---

① Moreno-Fernández F. Nuevos instrumentos en la planificación lingüística del español：ortografías，gramáticas，diccionarios...y más. Actas del II simposio José Carlos Lisboa de didáctica del español como lengua extranjera del Instituto Cervantes de Río de Janeiro，2005：22.

语与原住民语言融合而产生的词汇，以及原住民语言词汇等，丰富西班牙语各个变体的预料；编撰西班牙语专门用途词典，丰富不同学科语言的语料等。

（4）出版书写规范以及西班牙语规范。在最新版的《新西班牙语语法》中尤其列示了拉丁美洲的西班牙语，可以看到不同国家西语语法特征的阐述。

正是由于西班牙皇家语言学院的不懈努力，以及与其他西班牙语言学院协会成员学院的协作，才使得在诸多西班牙语变体、方言之上，存在着标准西班牙语，并被广泛应用于政治、教育、传媒等领域。

3. 成立语言机构，促进西语习得

1990 年 5 月 11 日，西班牙内阁会议批准成立塞万提斯学院，成为西班牙新时期对外语言推广进程中的重要里程碑。塞万提斯学院的主要职责是在全球范围内推广西班牙语的教学、研究和使用，并在境外推动西班牙语文化的传播，它致力于西班牙语大家庭所有成员国和人民共有的语言和文化遗产的推广。截至目前，塞万提斯学院在全球五大洲 44 个国家成立了 87 所分院，并在西班牙设立两处总部，分别是位于马德里的中心总部及位于阿尔卡拉·德·埃纳雷斯的总部①。

塞万提斯学院的领导机构由董事会、理事会及院长共同构成。董事会的名誉主席为西班牙的国王，执行主席为西班牙的首相。董事会的成员还包括外交部部长、教育文化部部长、理事会主席、塞万提斯学院院长、西班牙皇家语学院院长、西班牙学术委员会秘书长，获得"塞万提斯"文学奖的作者。同时包括由政府任命的 22 名成员：10 名代表西班牙的语言文化，7 名代表西班牙美洲的西语语言及文化，5 名成员代表其他的社会文化机构。理事会成员包括理事会主席，一般为首相内阁大臣或外交部官员，主要负责开展国际合作；理事会副主席，一般由教育文化部任命；由内阁政府任命的 2 名理事，直接代表董事会，任期 2 年；另有 5 名理事分别代表外交部、教育文化部、

---

① Del Valle J. Panhispanismo e hispanofonía：breve historia de dos ideologías siamesas. Sociolinguistic Studies，2011，5（3）：465-484.

经济财政部等。总体来说，董事会负责制定塞万提斯学院的工作方针，理事会负责审定工作方针并对其表决。院长则作为法人代表，负责塞万提斯学院的日常管理及行政工作。

纵观塞万提斯学院的全球地理分布，主要呈现以下两大特点，首先，大约一半的老牌学院中心已经有相当长的历史，建立在西班牙的保护区或前殖民地；另外新成立的学院中心大多处于西班牙语蓬勃发展地区，例如美国、巴西等。由此可见，塞万提斯学院分院的成立完全取决于西班牙全球发展的政治需要。其次，在拉丁美洲西语国家却没有塞万提斯学院的存在，这也说明了它的目标人群是针对官方语言为非西班牙语的，但以西班牙语为母语或"第一外语"的聚居人群。

现如今，塞万提斯学院的主要职能包括：组织日常西班牙语课程、专门用途西班牙语课程及西班牙语等级考试备考课程；组织世界范围内的西班牙语等级考试，并颁发证书；组织西班牙语教师培训，革新教学方法，组织选拔并向各个分院派遣西班牙语教师；组织并参与西班牙语对外传播活动；组织并参与传播西班牙文化的活动；成立实体图书馆及线上图书馆；组织开展西班牙语语言学、语言教学研究；与大学或其他公立或私立机构开展有关文化传播或语言传播的活动；对西语学者提供支持，或与其共同开展研究。归总来说，可以将其的主要职能归位以下 4 个方面：教学、文化活动、图书馆、行政管理[1]。

此外，塞万提斯学院于 1997 年成立了虚拟中心，即线上中心，自此，任何一个西语学者都可以不受时间、地点限制访问该中心，浏览西班牙语语言文化相关的内容、西语学习资料等。虚拟线上中心具有访问自由、内容更新快等特点，大大优化了西语学习的时效性。

---

① De Cock B. Instituciones españolas de cara a la difusión de la lengua：con atención particular a la situación en Bélgica，Estados Unidos y Canadá. Bulletin hispanique，2008，110（2）：681- 724.

总体来看，西班牙的塞万提斯学院自成立之初就肩负传播西班牙文化及西班牙语教学的使命，通过开展丰富多样、面向公众的文化活动，吸引对西班牙语语言文化感兴趣的受众，尤其是那些未参加语言课程的人，并以此激发更多的人来学习西班牙语，近距离接触西班牙文化。可以看到，文化活动和教学活动是相辅相成、互相促进的。

值得一提的是，塞万提斯学院的文化和教学活动中也融入了其他以西班牙语为母语非西班牙籍人群的语言和文化，在传播过程中将整个拉丁美洲世界的文化和教学活动视为一个整体，彻底贯彻"泛西班牙主义"。

（三）西班牙语言对外推广的特点

1. 政府高度重视

从塞万提斯学院的成立、西班牙皇家语言学院的成立，再到积极推行"泛西班牙主义"，可以看出西班牙政府将西班牙语全球推广提升至国家战略高度来进行规划部署。以同样的母语为契机，加强同拉美西语世界的联系。一方面通过加强与西语国家的政治、经济、文化等方面的往来，强化西班牙语在社会生活中的重要作用，以此来稳固拉美不同民族对待西班牙语的积极态度，进而增进其语言认同感，刺激其集体意识；另一方面通过在重点地区部署塞万提斯学院，大力传播本国语言及文化，树立国家形象。比如塞万提斯学院在拉丁美洲的八所分院全部设立在巴西。由于巴西相邻国家均为西班牙语国家，上至国家有融入地区文化的意愿，下至国民有学习语言来谋求更多机会的需求，因此，西班牙语在巴西的推广有良好的土壤。塞万提斯学院更是在巴西成立了对外西班牙语教师培训中心，每年输出大量的对外西语教师，有效地推动了巴西的西语教学。

2. 传播主体多元

从塞万提斯学院的机构组成可以发现，西班牙语言推广机构不是独立存在的，而是通过外交部、教育文化部、经济财政部多部门协作，规划语言传播策略，并自上而下执行。这样的工作机制使得塞万提斯学院的工作规划更符合国家意志。除了借助官方力量以外，塞万提斯学院还积极与本国或对象国的民间机构、高校等进行合作，通过大量的民间交流促进推广主体单一化向多元化过渡。塞万提斯学院在巴西的成功，也部分得益于当地政府的认可与赞同，甚至是政策上的支持。由此可见，语言对外推广要想获得成功，单靠某一个机构或者部门是不可能实现的，除了本国资金、政策的支持以外，当地政府、民间机构的作用也不容小觑。

3. 传播途径多样

塞万提斯学院的语言传播途径十分多样。首先是传统的面授课程，囊括了不同的语言级别和语言用途，同时组织讲座，开展学术研讨会，建立图书馆，提供西语学习资料等；其次，利用网络平台，建立虚拟教学中心，发展远程教育，填补实地教学的空缺，同时开设线上图书馆和问题咨询处，满足不同地区西语学习者的需求；最后，塞万提斯学院非常注重互联网时代信息化教学手段、多媒体教学平台的发展，并发动已有的电视、广播、刊物等媒体来打破时间和空间的限制，满足更多的西语爱好者的学习需求。例如，在北京塞万提斯学院的微信公众号上就能接收到西班牙语课程信息、学习资料、西语登记考试指南等。塞万提斯学院在传播渠道上充分践行了因地制宜，利用多种平台确保语言传播的时效性和有效性。

4. 以文化活动带动语言学习

西班牙悠久的历史和灿烂的文化自是不必说，加之拉丁美洲丰富多样的文化，都为塞万提斯学院的文化活动提供了丰富的素材。据塞万提斯学院北京官网网站显示，仅2019年，举办的大大小小文化活动就有80多场，即每周都有1—2场。活动形式包括电影放映、工作坊、圆桌会议、主题讲座、节日庆典、音乐会、演出、展览等。每次活动都有西班牙语与汉语的双语讲解。此外，塞万提斯学院还积极举办或参与各种国内西语赛事，如"全国西班牙语大赛""西班牙语演讲比赛""西班牙语歌唱比赛""西班牙语配音大赛"

等。通过开展高密度、多内容的文化活动，吸引了更多的人近距离接触西班牙语，并感受西语世界文化的魅力，并以此激发他们学习语言的兴趣。

尽管西班牙在对外语言传播时带有明显的后殖民主义及语言帝国主义色彩，但不可否认其语言在世界范围内的影响力及其语言推广策略的成功之处。在我们积极倡导文化自信、推动中华文化走向世界的今天，西班牙语言对外推广的成功经验也为汉语的国际传播提供了新的启示。将汉语国际推广列入国家发展战略，从国家层面制定汉语推广的政策和方针，扩大汉语的影响力，进而提升国家的软实力及国际话语权；重视海外华人组织及华人力量，加强民间合作与多国联动，促进形成华语圈；充分发挥孔子学院的语言推广职能，加强对外汉语师资队伍建设；统筹孔子学院与其他部门的工作对接，明确定位分工，合理调配和运用资源，建立科学的汉语国际推广体系；充分利用多媒体平台和信息技术，拓宽汉语传播渠道；开展覆盖面广、内容多样的中华文化推广活动，讲好中国故事，传播好中国声音，提高汉语和中华文化的感召力和公信力，以此带动全球汉语学习热潮。

五、中意学者对"一带一路"倡议的研究态势

意大利和中国作为世界两大文明古国，自古以来民间交流往来频繁，双边关系发展保持良好态势。"一带一路"是中国提出的一项国际倡议，意大利在地中海地区占据了绝佳的地理位置，使其成为"一带一路"倡议在地中海的着陆点。意大利作为欧洲文化中心、欧洲四大经济体之一，在国际舞台上有着较高的话语权。中意两国长期以来持续着经济文化贸易等多方面的合作。随着中意关系的进一步发展和全球化趋势的日益增强，2019 年 3 月，中意两国正式签署和交换关于共同推进"一带一路"建设的谅解备忘录，意大利主流媒体对中国的相关报道也呈现增长的趋势。目前关于意大利新闻媒体对"一带一路"的报道研究数量较少，但新闻媒体作为国家和民众的发声窗

口，有着较高的研究意义。2016 年，笔者在撰写博士论文期间，曾选取意大利国际问题研究智库以及意大利官方纸媒《晚邮报》《共和报》《24 小时太阳报》相关报道作为研究语料，从多维度对中意大利智库媒体的"一带一路"新闻报道进行定性和定量分析，采用基于语料库的研究方法，对"一带一路"在意大利主流媒体中的话语呈现展开研究。从话语本体、话语理解过程、话语体系建构等方面考察意大利对中国"一带一路"倡议的认知与态度，分析意大利纸媒相关报道中语篇的话语策略，管窥意大利对"一带一路"背景下中国国家形象的认知。

在意大利，很多研究中国问题的专家和学者都在高校任教，意大利高等教育和科学研究非常有名，尤其注重教学与科研联合。近 10 年来，意大利米兰国立大学开设了面向意大利学生的汉语本科和研究生课程，与中国国家汉办合作致力于汉语教学及中国文化的推广，这为意大利研究中国问题的专家和学者开辟了新的土壤。米兰大学开设了"中国社会问题研究""中国文化与社会思潮"研究生必修课程，授课教师为在意大利中国问题研究领域颇具影响力的专家和学者。米兰大学每年定期召开国际会议及国内学术研讨会，探讨中国社会及"中国模式"问题，研究成果多以出版学术期刊和学术论文的方式呈现。

以下将介绍意大利学术界对中国的相关研究。

（一）意大利学术界关于"中国文化软实力""中国道路"研究的现状

近 10 年来，意大利学术界的专家和学者们纷纷将目光投向"中国模式"和"中国道路"的研究。从总体来看，意大利学术界普遍认为"中国道路"和"中国模式"包含多重含义，既包括中国经济体制改革和改革开放 40 多年来所取得的辉煌成就，也包括中国特色社会主义经济发展模式、文化模式、社会模式等内容。意大利专家和学者纷纷将"中国道路""中国特色社会主义""中国模式"作为研究对象，从研究的广度看，他们关注的视角非常广阔，研究内容涵盖以下领域：

①关注中国政治问题和中国共产党执政纲领、执政策略的研究，即毛泽东思想、邓小平理论、"三个代表"重要思想、科学发展观、习近平新时代中国特色社会主义思想等。

②关注"两会"、中国共产党代表大会、全国人民代表大会、中国人民政治协商会议、中国政府工作报告、中国"十四五"规划纲要、中国外交政策、中国公务员系统研究、中国企事业单位改制、中国国内生产总值 GDP 等。

③关注中国官方出版物和系列丛书，如：中国社会科学院出版的"蓝皮书"系列，《中国传媒产业发展蓝皮书》《中国文化产业发展蓝皮书》《中国城乡发展蓝皮书》等。

④关注中国媒体、互联网、新闻自由等问题，关注中国传媒领域最新出版的文献。

从研究的深度看，意大利学术界对"中国道路""中国文化软实力"的研究没有停留在表面，而是通过深入分析中国政府官方报告和文献，研究中国社会现象和"中国模式"，采用科学的定量和定性相结合的研究方法，提取重要的数据。意大利很多专家和学者通过分析和研读中国社会科学文献出版社每年出版的蓝皮书系列丛书，如：《中国城乡发展研究报告》《中国社会阶层发展研究报告》《中国传媒产业发展研究报告》《中国文化产业发展研究报告》等，撰写大量学术论文。

通过研读这些论文，我们可以提取出意大利学术界一些具有代表性的观点。如：一些意大利学者对"中国道路"和"中国模式"持质疑态度，认为"中国道路"和"中国模式"阻碍了中国社会的良性发展，是中国在获得经济高速增长的同时牺牲政治体制改革和社会均衡发展的内在原因；另一些学者认为"中国道路"和"中国模式"是中国作为发展中国家在发展过程中的"过渡模式"，既不盲目称赞"中国道路"和"中国模式"，也不全盘否定，而是持观望态度，认为随着信息时代的到来，中国政治体制改革必将大刀阔斧，只是相对于经济体制改革略显滞后。还有一些学者认为"中国道路"和"中国模式"是社会主义国家迈向现代化的成功范例，是中国改革开放 40 多年所取得的辉煌成就的最大助力，值得其他发展中国家研究和借鉴，同时也指出"中国模式"和"中国道路"不具有临摹性，盲目照搬照抄是很危险的。

意大利学术界对中国问题研究的参考数据和资料来源主要有中国主流媒体的报道、互联网新闻、中国政府官方出版物，如：中国社会科学院出版的"蓝皮书系列丛书"、中国知名大学和研究机构发表的论文和书籍等。通过梳理近年来意大利学者发表相关论文所摘录的文献索引，不难发现中国政府官方出版物占据了很大比重。意大利学者对中国媒体的发展变化格外关注，大量分析和摘录中国日报、人民日报、新华社、CCTV、CRI（中国国际广播电台）刊登的文章和数据。例如，意大利米兰国立大学教授 Bettina Mottura 在研究中国媒体问题时发表了一篇题为 *Il linguaggio politico cinese attraverso la stampa*①（《透过媒体看中国政策》）的文章。文章指出，西方社会一直以来抨击中国没有新闻自由，中国政府将媒体视为一把"双刃剑"。意大利学者十分关注中国政府如何透过媒体向世界传达中国形象，以及"塑造中国形象"过程中体现的"中国道路"。

此外，意大利研究中国问题的专家和学者每年定期召开学术会议，通过不同主题，研讨、分析中国问题最新动向，并结合自身研究领域开展学术调研与学术交流。意大利米兰国立大学每年举办主题与汉语和中国文化研究相关的学术研讨会。意大利孔子学院积极宣传、组织 HSK 汉语水平测试，每年定期参加中国国家汉办为汉语和中国文化在世界各地传播所举办的"汉语桥"比赛。米兰大学孔子学院兰珊德教授在研讨会论文集中发表文章 *Gli Istituti Confucio e la nuova politica di diffusione della lingua cinese*②

---

① Clara Bulfoni.il linguaggio politico cinese attraverso la stampa，analisi del nuovo lessico. Univeristy of Milan，2013：78-84.

② Lavagnino A C. Gli Istituti Confucio e la nuova politica di diffusione della lingua cinese. Linguaggio politico e politica delle lingua，2013：90-95.

（《孔子学院与中国语言的推广新政策》），文章提到中国自改革开放以来，中国政府重视对外汉语教学的发展。中国国家汉语推广办公室（简称"国家汉办"）积极在海外推广汉语和中国文化，以增强文化软实力。中国国家汉办每年在国际范围内举办"汉语桥"比赛，通过竞赛选拔优秀的意大利学生来华交流学习。Lavagnino 教授在文章中通过大量数据分析每年意大利学生参加 HSK 汉语水平测试的人数、成绩，提出随着中国文化软实力的增强和中国在世界影响力的提升，HSK 汉语水平测试也面临转型和改革，提出 HSK 汉语水平测试应真正反映中国社会的变化。语言承载着一个国家的文化与社会，文化与社会的变革也反过来作用于语言的改变，这样的问题值得中意学者们探究。

综上，意大利学术界研究中国问题非常活跃，意大利专家和学者对"中国道路"相关问题的研究广泛且具有深度。通过以上分析不难发现，意大利专家和学者们研究中国问题立足于中国社会现状和一些具有代表性的社会现象，他们通过查阅大量文献、搭建广泛的学术交流平台，对"中国道路"问题进行模块化、系统化研究。近 10 年来，意大利专家和学者发表了大量学术论文和研究成果，意大利学术界呈现出"意大利中国问题热"的趋势。

（二）意大利教授谈"一带一路"

兰珊德教授（Prof.ssa Alessandra C. Lavagnino），意大利米兰国立大学中国语言文学教授和政治学系主任，米兰大学孔子学院院长。曾于 20 世纪 70 年代到中国上海外国语学院任教，后又于 90 年代在意大利驻华使馆任新闻参赞，翻译出版了意大利版的中国文学巨著《文心雕龙》，以及《金锁记》《灵山》等，并撰写了众多有关中国历史文化艺术的书籍、评论和文章，是当今意大利著名的汉学家。她是意大利中国研究会领导成员，以及《中国世界》和《文化》杂志编辑部委员。

兰珊德教授认为"一带一路"建设促进各国共同发展，很多国家已从中受益，沿线各国人民享受到发展的"红利"。"一带一路"建设为世界经济的未来发展提供了一个全新构思和一份可供借鉴的方案。

兰珊德教授指出，欧亚自古在文化、语言、思想和文明上都有着紧密的情感联系。早在罗马帝国时期，意大利就通过东起长安、西达罗马的古丝绸之路与中国及亚欧各国有了贸易往来。在这条通道上，意大利是地中海的交通枢纽和古丝绸之路的重要节点，有着独特的地理位置和合作优势。毋庸置疑，"一带一路"倡议是一项勇敢而充满前瞻性的合作倡议。这些年来中国的发展成就有目共睹。意中经贸合作伴随着丝路驼铃和海上千帆一路走来，日益坚实。如今，意大利是中国在欧盟最重要的投资目的地国之一。作为"一带一路"沿线的重要国家，意大利看到倡议带来的重大发展机遇，希望通过一系列举措吸引中国企业，帮助意大利企业打开中国市场。两国通过共建"一带一路"，深化伙伴关系，让彼此都得到更好的发展。

意大利和中国分别是西方和东方历史悠久的文明古国。两国交往岁月绵长。今天，意大利和中国之间的文化交流更加频繁。在米兰，一共有6所大学设立汉语课程，米兰所在的伦巴第大区共有43所学校把汉语列入必修课程。米兰国立大学孔子学院本部，加上下设的4个孔子课堂和12个汉语教学点，共有3305名学生。越来越多的意大利民众对中国悠久灿烂的历史文化感兴趣，开始学习汉语，也有越来越多的人到中国学习和工作。"一带一路"建设为两国提供了新的沟通方式和合作平台。

自2016年开始，米兰国立大学孔子学院每年都会举行"一带一路"合作研讨会。未来意大利会借助这条黄金通道继续致力于意中两国更深层次的文化交流，寻求对话创新交流模式。"一带一路"建设给意中两国文化交流创造了前所未有的黄金时代，东西方文化上的交流和民心上的沟通，也必将给"一带一路"建设注入更强的生命力。

（三）意大利：将汉语纳入国民教育体系 [①]

2019 年 3 月 17 日，习近平主席在给意大利罗马国立住读学校师生的回信中提到："看到同学们能用流畅的中文表达自己的所思所想，我很高兴。你们学校成功开办中文国际理科高中，培养了一批有志于中意友好事业的青年"，"你们立志促进中意青年思想对话和文化交流，促进中意人民友谊，我对此十分赞赏"。这充分表明了习近平主席对海外汉语学习者的关爱与期望。

习近平指出，"语言是了解一个国家最好的钥匙"。"语言高铁"的贯通，不仅需要制造方高水平的制造力，也需要引进方的主动"接轨"。同样，实现汉语在海外各国国民教育体系的全面深度覆盖，也要综合考量和科学规划传播主体国的"推力"因素和接纳国的"拉力"因素。汉语纳入海外各国国民教育体系是汉语真正走向世界的标志之一，意大利作为将汉语纳入国民教育体系的先行者，受益于"推力"和"拉力"两端的不断调整与优化，在"全民汉语学习机制"的建设中取得了丰硕的成果。

语言在增进理解、凝聚共识、促进合作、深化友谊中具有独特作用。中国语言和文化的独特魅力长期以来吸引着各国汉学家的目光。以"一带一路"为代表的中国方案被越来越多的国家认可和接纳，使中国语言文化的"朋友圈"不断拓展，也使中国语言文化的影响力走出汉字文化圈，推动汉语由"陆地型"语言转为"陆地－海洋型"语言，开始了"全球化"进程。2017 年12 月，中共中央办公厅、国务院办公厅印发《关于加强和改进中外人文交流工作的若干意见》，指出要着力加大汉语国际推广力度，支持更多国家将汉语教学纳入国民教育体系。

随着意大利正式将汉语纳入本国国民教育体系，汉语学习的需求剧增，意大利的汉语教学面临供不应求的巨大挑战。中国政府通过政策沟通，根据意大利汉语教学的发展现状和发展愿景，应需派遣汉语教师，资助教学材料，

---

① 参阅李宝贵：《光明日报》，2019 年 3 月 21 日 14 版。

帮扶培养当地化汉语师资，研发当地化汉语教材，协助完善当地化汉语体系，助力意大利实现自主、科学、系统化的汉语教学。

中意两国不断深化的区域合作和交流，使汉语的实用价值日益凸显，也使中国的语言和文化更贴近意大利民众。一是在经济贸易领域，中意两国企业家推动企业间的交流互鉴和融合共赢。近年来中国企业积极投资意大利炼油、轮胎生产、足球俱乐部等优势和知名企业，为意大利人民提供就业岗位的同时大幅提升了中国企业的形象，对意大利社会的汉语学习热潮起到了不可忽视的推进作用。二是在人文交流领域，中意两国重视打造旅游业和人文交流的品牌项目，带动相关领域的共同繁荣。两国通过共同举办"中国文化年"，开展威尼斯电影节"聚焦中国"活动，参与博洛尼亚国际少儿图书展，邀请莫言、余华等中国知名作家赴意讲座等方式，将中国的传统和当代文化通过文化项目、电影和文学作品带到意大利；通过与当地民众近距离交流互动，满足文化好奇心，打通双向交流渠道，展示中国当代文化艺术魅力，加深意大利民众对当代中国的认识和了解。汉语学习逐渐成为意大利民众的主观需求和自觉行为，为汉语纳入意大利国民教育体系打下了良好的民意基础。

意大利将汉语纳入国民教育的举措并非偶然。中意两国都是拥有悠久历史和璀璨文化的文明古国，两国间的文化交流历史绵长。1732 年归国传教士马国贤在那不勒斯创办"中国学院"，是欧洲大陆第一所教授汉学及东方学的学校。

意大利的教育机构拥有一定的自主性，教育机构的主动引入是汉语纳入国民教育体系的强力"助推器"。早在 20 世纪 70 年代初期，意大利就在高中开始了汉语教学的试点。2009 年罗马国立住读学校（Convittonaziona le Vittorio Emanuele II）与罗马孔子学院合作开设了以中文为必修课程的国际理科高中项目，不仅包括中国语言和文化类课程，还开设了以中文为教学语言的历史和地理课程；2013 年该校正式开设了小学汉语课程。

经过多年的积累和完善，意大利培养了众多蜚声中外的优秀汉学家，米兰国立大学孔子学院意方院长、《文心雕龙》意语版翻译兰珊德教授便是其中一位。汉学家的积极推动使意大利高校的汉语教学成果硕果累累。目前，意大利年轻的汉学家普遍由意大利当地高校培养，全部拥有博士学位，研究方向呈现出精细化、专业化的发展趋势，为高层次专业汉语人才的培养打下坚实基础，也为汉语纳入意大利国民教育体系提供了师资储备。

新媒体的蓬勃发展为汉语纳入意大利国民教育体系注入了新的活力。随着"互联网＋人文交流"机制的完善，实体与虚拟交流平台实现了相互补充和良性互动。各直播平台中频繁出现的"中国通"，一方面用流利的汉语讲述"我与中国的故事"，分享文化奇遇，解释文化差异，在文化对比中消减文化隔阂，拉近两国人民的距离；另一方面通过最直观的直播方式，双向展示两国的真实面貌和百姓的日常生活，增进两国人民的相互了解。与此同时，他们充分发挥双语优势，以自身经历总结语言学习和使用技巧，是不折不扣的"民间语言文化大使"。新颖、丰富的形式和内容，推进了国家、地区、文明间的交流互鉴，增强中国文化形象的亲近感，提升了汉语学习者的学习信心和热情，为汉语纳入国民教育体系铺平了道路。

目前，意大利基础教育阶段的汉语教学主要分为两种模式：一种是与孔子学院合作建立孔子课堂，由孔子学院委派中方教师进行合作教学；另一种是开展汉语教学时间较长、汉语教学体系较为成熟的学校。意大利一方面通过与孔子学院的合作，打造精品汉语课程；另一方面通过与国内中小学合作，为学生提供亲身体验中国语言文化的交流互换机会。各教育机构的主动引入，反映出意大利基础教育阶段对汉语教学的积极态度，是汉语纳入意大利国民教育体系的强效动力，也为纳入进程的平稳过渡提供了有力保障。

语言政策和语言态度直接影响语言的传播，意大利政府的大力支持是汉语纳入其体系的决定性基础。为满足人民日益增加的汉语学习需求，意大利政府陆续出台了一系列扶持政策，推动"规范化、统一化、系统化"的汉语教学体系的建立和完善。

2008 年，意大利教育部宣布将汉语纳入高中毕业考试范畴；2016 年 2 月意大利教育部公开招聘中小学汉语教师，并于同年 9 月发布了《高中汉语教学大纲》，标志着汉语正式纳入意大利的国民教育体系。这些举措一方面为汉语在意大利各教育阶段的长远持续发展储备了"师资库"，另一方面也发挥了高中在意大利汉语教学中"承上启下"的作用，保证和提高了意大利汉语教学的整体水平。随着汉语被纳入意大利国民教育体系，低龄汉语学习者数量猛增。

面对汉语学习者"低龄化"发展的新趋势，意大利政府积极采取措施，一方面统筹规划，构建高等教育到第二阶段教育再到第一阶段教育的"阶梯式"纳入模式；另一方面加大对当地中小学汉语师资的培养力度，有步骤、分阶段地保证纳入进程的平稳推进。2013 年 6 月，曾任国家汉办主任的许琳在欧洲部分孔子学院联席会议中表示，意大利各所孔子学院在汉语教学方面所取得的成绩在欧洲名列前茅。意大利是欧洲最早开展汉语研究和教学的国家，拥有良好的基础，能够在汉语教学和文化传播方面发挥"火车头"的作用。

截至 2018 年，意大利以 12 家孔子学院为依托开设了 39 所孔子课堂。孔子课堂与当地中小学通力合作，将汉语的学习与使用引向深入、引入生活，引导青少年以正确和发展的视角深入观察和评价中国的语言和文化，在提高意大利青少年对中国语言和文化兴趣的同时，不断拉近中意两国青少年间的距离，为汉语在意大利青少年中的普及打下了良好的基础。

意大利将汉语纳入国民教育体系的模式呈现明显的由高等教育向基础教育延伸的"阶梯式"发展趋势，孔子学院和孔子课堂在提供教育资源、协同完善课程大纲等方面起到重要的协助和推动作用。《中国语言文字事业发展报告（2018 年）》数据显示，全球 432 所孔子学院课程纳入所在学校学分体系，占全球运营总数的 85%。可见，孔子学院和孔子课堂有效推动了汉语纳入海外各国国民教育体系的进程，对助推中外文化的互学互鉴、促进世界文化的多元发展、构建人类命运共同体起到了独特的作用，是推动中国语言和文化

"大规模、成建制"走出去的成功典范和最有效途径。

意大利既是古丝绸之路的终点，又是"丝绸之路经济带"和"21 世纪海上丝绸之路"的交汇点，无论从历史角度还是从地理角度，意大利都应在"一带一路"合作中发挥巨大作用。2019 年 3 月 13 日，意大利总理孔特表示与中国签署"一带一路"谅解备忘录符合意大利利益，并明确否定了一切将会阻碍协议签署的可能。谅解备忘录一旦签署，意大利将成为欧洲 7 国集团（G7）中首个正式签署框架协议的国家。"一带一路"为意大利带来了前所未有的发展新机遇，50 个涉及多领域的合作项目的商讨，将成为意大利经济复苏的"强心针"和"定心丸"。随着中意经济文化交流的进一步深入，意大利将需要大量高层次专业的汉语人才，这是推进汉语纳入意大利国民教育体系的核心动力。

为吸引中国留学生赴意留学、打通高层次人才的培养和交流渠道，中意两国政府于 2006 年和 2009 年分别签署和启动了"马可·波罗"和"图兰朵"计划。经过 10 余年的发展，每年赴意留学的中国学生数量稳步增长。意大利跨文化基金会 2017 年报告显示，在随机调查的 500 名意大利高中生中，有 15% 的学生表示其对中国的认识和了解来自身边的中国留学生。

中国留学生带动了区域经济的发展，中国超市、中国饭店应运而生，生活中频繁出现的"中国元素"极大地激发了意大利民众对中国语言和文化的好奇心，使民众的汉语学习兴趣和需求大幅增加。据统计，仅在米兰，就有 6 所大学设立汉语课程，米兰所在的伦巴第大区共有 43 所学校把汉语列入必修课程，社会上还有各种汉语学习班。意大利民众自发自觉地学习汉语，成为"自下而上"拉动汉语纳入意大利国民教育体系的重要力量，也是将汉语带入社区、带进家庭，推动"全民汉语学习"的主要助力。

汉语在东南亚各国和传统移民国家的完整教学体系的建立，离不开海外华人对语言文化的传承和弘扬。同样，意大利 16 所中文学校组织成立的"中文学校联合会"，为推进华文教育"标准化、正规化、专业化"建设不断探索、积累经验，营造了浓厚的汉语传承氛围。同时，华商在意大利影响的不断扩大和华裔青少年数量的持续增加，受到意大利政府和学校的高度重视。为推进华人社团与意大利社会的和谐融合，加深两国人民的情谊，意大利政府大力倡导普及汉语教学，语言的"桥梁"作用也成为汉语纳入意大利国民教育体系的关键因素。

2019 年 3 月，意大利总理孔特表示，意大利愿意参与"一带一路"，认为"这将为意大利带来新的机遇"，并称"这是意大利的战略选择"。3 月 19 日，中国社会科学院欧洲研究所研究员罗红波在《人民日报》海外网主办的金台沙龙上表示，意大利参与"一带一路"建设是由意大利国情决定的，既有古丝绸之路友好交往的历史积淀，也有中意合作的现实基础，更有意大利发展对外经济的未来考量。以下为发言摘编：

一、历史积淀

从古丝绸之路开始，中意关系就打下坚实的基础。中国和意大利都是世界文明古国。两国虽然远隔千山万水，然而历史联系却源远流长。早在公元前二世纪末，中国的丝绸就已经通过陆路丝绸之路辗转运销到了意大利。古丝绸之路成为连接亚欧大陆的交通动脉，是促使东、西文化交汇的桥梁。而当时经济发达、作为西方文化核心的意大利则是古代各条丝路在西方的交汇点。

通过古丝绸之路来到中国、对欧洲认识中国起到至关重要意义的两位欧洲代表人物都是来自意大利，一个是在元朝来到中国的马可·波罗，一个是在明朝来华的利玛窦。马可·波罗在华 17 年，回国后，由其口述、鲁斯蒂谦撰写的《马可·波罗游记》激起了欧洲人对东方的热烈向往。利玛窦在明朝的中国生活的时间更长，达 28 年之久。他熟谙中文，结交广泛，对中国社会的风气和民情了解更多、更深入，他通过书信方式将他自己的亲身经历传递到意大利，向西方介绍了一个真实的中国，使得欧洲和中国文明的联系更加紧密。

意大利的思想文化也对近代中国政治家、思想家产生深刻影响。中国近代维新运动的先驱康有为在戊戌变法失败后，流亡国外。他游历了欧洲11国，其中在意大利的游历，对他的艺术思想影响极大。他将拉斐尔的画作比作王羲之的字、李白的诗、苏东坡的词，认为拉斐尔的画"精微逼肖地球无"。而康有为的弟子梁启超编撰了意大利19世纪政治家加富尔、马志尼和加里波第的中文传记，向中国人介绍了意大利的复兴运动，并认为意大利的复兴运动为中国的复兴和现代化提供了灵感源泉。

由此可见，历史文明和人类才智始终贯穿着中意两国的交往，使得这两个世界文明古国的关系具有无可比拟的独特性。古丝绸之路在人类历史上留下了浓墨重彩的一笔，它的重要意义不仅在于促进了货物的流通，更重要的是中西文化在碰撞中擦出了绚丽的火花，使双方的经济和文化都得到了繁荣。"友好交往，共同繁荣"是丝绸之路的不可被磨灭的精神，秉承这一精神，今天的我们才能做出正确的战略决策。

二、现实基础

2019年是中意全面战略伙伴关系签订的第15年，2020年两国也将迎来建交50周年。对意大利而言，加入"一带一路"会将中意双边经济贸易关系推向新高度。

尽管两国在政治制度、历史文化和经济社会发展水平不同，但双方都能从战略高度和文化深度上认识到积极发展两国关系的重要意义，这为49年来双边关系的不断提升奠定了牢固基础。2004年两国全面战略伙伴关系建立后，两国政治互信不断加深，在重大问题上达成战略共识。

两国贸易往来迅速增长，经济合作全面展开。2017年中意进出口贸易额达到496.0亿美元，比两国建交时的1.0183亿美元增长了490倍，比中国改革开放第二年1979年的6.1亿美元增长了80倍。2017年意大利是中国在欧盟的第五大贸易伙伴、第四大出口市场和第四大进口来源地。2018年依然保持这一发展势头。中国是意大利在亚洲的第一大贸易伙伴，投资由单向投资向双向投资转化。截至 2018 年 4 月底，意在华投资项目共计 5889 个，实际使用投资 71.5 亿美元。仅 2017 年一年，意大利对华新增投资项目 201 个，实际使用投资 1.9 亿美元。2000—2017 年，中国对意投资累计达到 137 亿欧元，意大利成为中国在欧盟的第三大投资目的国。目前，在意中资企业超过 600 家，营业额约 180 亿欧元，企业员工超过 3 万人。根据两国政府签署的"关于加强经贸、文化和科技合作的行动计划（2017 年—2020 年）"，双方确认优先开展环境与可持续能源、农业领域、可持续城镇化、卫生领域、航空领域、空间科技及应用、基础设施和交通等领域的合作。

两国合作的深度和广度不断增加，合作领域和目标越来越明确，成效越来越大，都为中意共建"一带一路"夯实了现实基础。

近几年，在全球经济不景气、欧洲经济增长乏力的背景下，意大利已明确将"一带一路"倡议视为其获得经济增长新动力的机遇。经济实力是一个国家生存和发展的基础，但近年来意大利经济一直表现欠佳。2008 年国际金融危机以来，意大利的经济增长长期低于欧元区的平均水平。与此同时，意大利提振经济常用手段——里拉贬值和扩大公共财政都已失效。

意大利是一个资源匮乏、国内市场狭小的国家，加工出口是意大利经济发展的生命线。"一带一路"倡议的实践将使亚欧大陆形成新的生产、消费模式。意大利迫切要深刻了解且积极参与其中，以期从中获得更多机遇和实惠。这种迫切性，从意大利政府对"一带一路"态度的延续性中也足以彰显。2017 年，时任意大利总理真蒂洛尼就率团参加第一届"一带一路国际合作高峰论坛"。从上述种种分析可以看出，意大利参与"一带一路"建设是由其国情决定的必然选择。

第四章　结论和启示

一、研究结论

就南欧国家语言政策与规划研究而言，国外研究历时久，以本土学者研究著述居多，研究关注点主要有以下四个方面：第一，语言立法与少数群体语言保护政策研究；第二，语言政策与多语教育及外语教育；第三，多语主义视角下的语言政策研究；第四，移民语言研究与语言政策。整体来看，南欧国家语言政策与规划研究的对象既有单个国家，也有区域性研究。研究视角除了多语主义、民族主义、语言权利、语言地位之外，还包括了从认同角度解读语言政策。

本书以意大利和西班牙为代表的南欧国家语言政策作为对象，从语言政策的话语研究路向出发进行研究，首先从对南欧国家语言生态的整体面貌进行描述，介绍意大利和西班牙的语言使用状况和语言政策的历史沿革，从宏观上对语言生态和语言政策的现状进行了阐述。在此基础上，本书对南欧国家的语言政策进行了多维度的话语分析。重点从语言保护与语言传播角度入手，具体分析了以下语言政策的文本：（1）南欧国家语言立法与语言保护情况；（2）南欧国家移民语言政策及现状；（3）南欧国家双语、多语教育情况。从批评认知视角对语言政策文本进行分析，在语言政策文本分析中多维度地、动态地解读南欧国家语言政策。

在对南欧国家语言政策进行话语分析之后，本书紧密联系当代南欧国家语言政策实例，对南欧国家语言政策的成效进行分析。具体包括：（1）官方语言推广的成效；（2）南欧国家语言对欧盟语言政策的影响；（3）区域性及少数语言推广的成效（西班牙语、意大利语）；（4）促进语言学习、语言保护和语言多样性的作用；（5）多语教育和多语主义战略的思考和启示。通过这些不同维度的内容探讨南欧国家语言政策话语的意义建构过程，探求语言政策文本所体现的话语策略。在语言实例分析的基础上，解析语言政策规划过程中权力、认同和意识形态等问题，深化对制定和实施语言政策的概念化过程的理解，以期为语言政策的话语研究提供南欧国家研究价值参考。

归纳总结南欧国家语言政策和民族关系的特点，主要通过以下几个方面，为我国的语言政策提供南欧视角的启示与参考。

（一）语言生态和语言政策呈现多样性

意大利作为多民族、多文化、多方言的国家，其政府在制定语言政策的过程中经历了不同的历史阶段，意大利官方语言的推广及对少数群体语言的保护也逐渐形成了系统的法律体系，有诸多可取之处值得我们学习。从全球范围看，意大利社会在语言与民族关系方面并无明显冲突，尽管在不同时期不同的族群之间存在一些矛盾，但不可否定的是意大利的民族关系整体是和谐且稳定的，从未有过大的民族冲突及战争。但由于少数群体语言自身发展的历史和分布呈现不同特点，因此语言政策对不同少数群体语言的保护力度也存在明显差异，呈现出政策保护和执行不对称的特点。

西班牙语言生态和民族关系带有殖民地色彩。自大航海时代开始，西班牙就是一个向外移民的国家，曾大规模开展海外殖民运动并向外输出劳动力，直到 1986 年，其迁入的人口数量才超过迁出的数量。外来人口的激增对语言的使用造成了冲击，使得西班牙成为一个多语言国家，除主要本土语言外，还产生了语言变体和外来移民语言。现行宪法中规定了西班牙语的官方语言的地位，所有的公民都有学习并使用西班牙语的权利和义务。国家的政治语言、媒体语言、教育语言等均为西班牙语。尊重西班牙语权威性的同时承认其他民族语言存在的合法性。因此在民族语言使用地区大多实行双语政策。大部分拉丁美洲国家，作为曾经的西班牙殖民地，在制定语言政策时与西班牙有很大的相同之处，即在宪法中规定西班牙语的官方地位，强调西班牙语的社会职能，同时尊重和承认民族语言的合法地位。鉴于其社会地位的明显优越性，西班牙语在拉丁美洲占绝对主导地位。大多数的拉丁美洲原住民后代出于各种原因，都更倾向于使用西班牙语，对本民族的语言的态度反而比较消极。除了宪法规定之外，不得不提到西班牙政府大力推行的"泛西班牙主义"（panhispanismo）语言政策。

（二）积极促进语言立法，保护少数群体语言权利，保护移民语言

意大利在语言保护方面，特别是对少数群体语言的保护，有相对完善的法律体系作支撑，对于保护的细则也规定得比较具体细致，配套措施也相对完善。从意大利少数群体语言保护政策的个案中不难看到，坚持语言地位平等有利于社会稳定、和谐发展。意大利语言政策偏重对历史因素的考量，法律保护少数群体语言在地区上的不平衡性，容易造成少数群体语言发展水平的固化。少数群体语言既是一种语言资源，也是一种社会、文化资源。虽然意大利已经建立了一套完整的保护少数群体语言的法律体系，但是由于行政效率低下，国家财政支持受限，对少数群体语言保护的许多项目缺少资金支持，使得很多法律预期目标无法实施。对此，语言政策的制定和执行应当充分考虑各种少数群体语言的发展权利，同时有必要提升公众对于少数群体语言的认知度，改变民众对少数群体语言缺乏认知的现状，力求最大限度地争取公众对相关法律政策的支持，增强少数群体语言使用者的语言认同感、民族认同感和国家认同感。

除了制定相关政策与法律促进移民群体的语言统一之外，意大利还关注

到移民本身所用语言的保护与传承。相较于少数民族语言的保护政策,在移民语言保护政策的制定方面,由于移民群体与少数语言群体的概念并不一致,意大利对于移民语言有针对性的保护政策呈现出薄弱的特点,具体的保护政策也相对较少。

西班牙由于国家和地方政府分别采取了隐性和显性的语言政策,导致新民主时期西班牙的语言问题集中表现为:地区高度语言自治导致双语地区民众身份认同的不完全统一。在地区内,语言具有身份构建的功能,如部分巴塞罗那人为彰显自己的民族身份仅使用本民族语言即加泰罗尼亚语,完全拒绝使用卡斯蒂利亚语;在地区外国家内,语言具有地域壁垒功能,地方政府采取较为激进的双语政策时,单语使用者将在双语地区面临就业困境、入学困境等诸多问题。

西班牙的部分经济欠发达或发达地区的群居社区,移民的母语得以保留并作为日常语言交流。主要有在北非飞地使用的阿拉伯语、塔玛兹特语,以及华人聚居区使用的汉语等。故为了更好地适应和融入当地社会,绝大多数移民均选择使用西班牙本土语言,尽管在部分地区移民会保留使用母语,但基本能够听懂甚至掌握西班牙语。其中,卡斯蒂利亚语有最多的使用人数和最广的使用范围,是移民最倾向使用的语言。

总体来说,西班牙现如今的高度自治源自对佛朗哥极权政治的反弹,在新民主制度的保障下,西班牙左翼政治势力大力倡导语言文化多元来促进民族团结。然而实际上,随着民族主义思潮的不断发展,又为国家内部带来了分裂的隐患。从语言交际功能来看,西班牙的国家官方语言可作为通用的交际语言;但从语言身份的构建来看,不论是西班牙国家政府的语言政策还是地区的语言政策,都不利于国家内部形成统一的身份认同。

(三)维护官方语言地位,推广双语(多语)语言教育

意大利语是意大利的官方语言,统一一致的语言是最为便捷地实现沟通交流的重要工具，而国家通用语言文字最突出的特点就在于全国的通用。学习掌握国家通用语言文字有利于全国的人民畅通地交流。为了推进意大利语言在国内的推广和对外的文化输出，意大利政府采取了一系列措施。具体包括：设立"意大利语言周"，设立"意大利国家翻译奖"，资助和奖励译作。除了对内加强意大利语的教育和使用外，意大利也在为实施对外推广意大利语而作出积极的努力，以确保意大利对外移民和移民的后代，以及国外双语或多语意大利语社区居民都能够更好地掌握意大利语。

意大利积极推广双语教育。意大利学校中意大利语与外语混合培养的双语教育。截至 2011 年，意大利两种不同的双语教育项目采用了 CLIL 模式。一种是在教授意大利语的同时教授一种地区性的少数民族语言，另一个是在教授意大利语的同时教授一种外国的欧洲语言。

西班牙现行宪法中规定了西班牙语的官方语言的地位，所有的公民都有学习并使用西班牙语的权利和义务。国家的政治语言、媒体语言、教育语言等均为西班牙语。尊重西班牙的权威性的同时承认其他民族语言存在的合法性。因此在民族语言使用地区大多实行双语政策。大部分拉丁美洲国家，作为曾经的西班牙殖民地，在制定语言政策时与西班牙有很大的相似性，即在宪法中规定了西班牙语的官方地位，强调西班牙语的社会职能，同时尊重和承认民族语言的合法地位。除了宪法规定之外，西班牙政府大力推行的"泛西班牙主义"语言政策。通过塞万提斯学院等语言机构在全球范围内推广西班牙语的教学、研究和使用，并在境外推动西班牙语文化的传播。

西班牙的地区语言教学处于世界较为领先的地位，但各自治区的情况差异较大。对外，为了更好地顺应时代发展趋势与世界局势，西班牙自 20 世纪起始开展了一系列多语教学探索，并最终形成以第一外语作为必修、第二外语为选修的相对稳定的教育模式；对内，西班牙是一个多民族国家，为保护少数民族语言及其文化，同时维护卡斯蒂利亚语的官方地位，西班牙参考加拿大的双语教育模式，在地方上实行"浸入式双语教育"，取得了良好成效。

总的来看，无论是在外语教学方面，还是在本土语言的双语教学方面，西班牙均以建立起较完善的体系，并取得一定成效。这样的教育模式使得当地学生不仅能够在适应当地社会的同时保护地区语言，还能够较好地满足全球化发展对语言的要求。但由于语言与文化的多样性以及地区间的差异性，这样的教育模式下也存在一定的冲突和矛盾，如分裂主义倾向等。

（四）制定宏观语言政策，积极推广南欧国家语言的对外传播

意大利政府高度重视语言政策，强调尊重民族范围内的少数群体语言的权利，尊重使用和教授少数群体语言，尊重言论自由，接纳移民人口的语言，帮助移民人口融入当地社会，保持对多元性的开放心态，这些语言政策理念和欧盟的语言理念相互影响，相互渗透。

意大利政府积极通过语言机构推广意大利语。意大利的语言机构负责在意大利国内与意大利境外的国际社会承担意大利语教学、研究、推广等工作的机构，共分为包括教育体系内的普通意大利学校、意大利教育部的两所外国人大学、克鲁斯卡学院与但丁学院这类民间机构三部分。其中，锡耶纳外国人大学和佩鲁贾外国人大学是今日意大利负责对外意大利语教学和外国人赴意学习语言的两大官方机构，在推动意大利语国际化上发挥了重要作用。

克鲁斯卡学院与意大利外交部合作，组织一年一度的世界意大利语周。同时，克鲁斯卡学院会召开意大利语圆桌会议，资助并与意大利语研究学者展开合作。与克鲁斯卡学院一样，但丁学院也参与了外交部和教育部的语言政策制定中。成立于 1889 年的但丁学院，旨在在全世界范围保护和传播意大利语言和文化，其 401 个委员会遍布世界 60 多个国家和地区，并组织了 300余个意大利语图书馆。

受殖民历史的影响，全球有 20 多个以西班牙语为母语的国家。现如今，西班牙语一跃作为世界第二大语言，其使用人口遍布世界，除了历史原因之外，也与西班牙强势的对外语言推广政策密不可分。归纳其政策，主要表现

为维护西班牙语的官方地位，推行"泛西班牙主义"，增进西语世界人群的语言认同及身份认同，使之保持积极的语言态度；规范西班牙语的书写规则、语法、词汇等，确保不同地区西班牙语的同一性；设立专门的语言文化推广机构，推进语言和文化的传播。

这三个语言机构对推广西班牙语的对外传播具有重要意义。①西班牙语言学院协会是1951年在墨西哥创建的一个协会，由世界上现有的23所西班牙语学院组成，其常务委员会位于西班牙马德里。②西班牙辞书学学院是西班牙皇家语言学院和西班牙语学院协会的下属机构，该学院的运作由西班牙皇家语言学院和西班牙语学院协会共同负责。③塞万提斯学院成立于1991年，以传播西班牙语为主要目标，其宗旨在于促进推广西班牙语的教学、研究和使用，并且关注西班牙语国家和民族的共同语言和文化遗产，传播西语国家文化，致力于通过语言传播塑造和投射国家形象，促进文化、经济和商业交流，并且为建设一个基于相互理解的知识世界作出贡献。

总体而言，意大利政府部门负责制定语言政策和明确发展目标，而政策的执行往往由有官方背景的学术机构和大学去执行，这既可以达成国家战略目标，又可以以文化交流的方式彰显自己的非政治性和独立性，实现意大利语国际推广效果的最大化。西班牙政府高度重视语言政策，从塞万提斯学院的成立、西班牙皇家语言学院的成立，再到积极推行"泛西班牙主义"，可以看出西班牙政府将西班牙语全球推广提升至国家战略高度来进行规划部署。以同样的母语为契机，加强同拉美西语世界的联系。通过在重点地区部署塞万提斯学院，大力传播本国语言及文化，树立国家形象。

二、南欧国家语言政策对我国的启示

在经济全球化的背景下，我国的语言生活变得更加重要与复杂。发达国家凭借经济全球化传播本国的优势语言和文化。作为发展中国家，我国需要立足国情以适应语言国际化的浪潮，并通过保护本国语言文化主权与文化安全、提高民族语言文化认同感、促进语言文化对外传播来提升语言文化软权力，从而维护国家文化发展战略，应是目前国家语言政策的目标定位与制定思路。

通过梳理南欧国家语言政策的现状，对南欧国家语言政策进行宏观阐述，对具体的语言政策进行微观的话语分析，本书对南欧国家语言政策的成效进行了深入分析。南欧国家语言政策对我国语言政策、多语教育及语言保护等方面具有积极的借鉴价值。

（一）完善语言保护立法

意大利在语言保护方面，特别是语言少数群体的保护，有相对完善的法律体系做支撑，对于保护的细则也规定得比较细致具体，配套措施相对完善。

近些年我国少数民族语言的法律建设取得了很大进步。"但是国家有关部门起草的《少数民族语言文字法》及各自治区的《关于〈民族区域自治法〉的实施细则》《关于〈语言文字工作条例〉的实施细则》等法规迟迟未能出台，至今尚未形成比较完整的、系统的少数民族语言文字权利的法律法规规范体系，其法律的保障功能还未能充分发挥作用。"

汉语是中华民族民族认同的标志，是维护民族团结、提升民族凝聚力的基础。目前，面对英语教育对汉语教育的严重挤压，我国国民的汉语言文化水平下降，民族认同感和凝聚力有下滑的趋势。换言之，我国目前以语言权利观为价值取向的汉语教育政策并没有解决汉语和中华文化所面临的地位危机；同样，针对部分少数民族语言濒临灭绝、少数民族语言濒危等现象，以语言权利为价值取向的少数民族语言教育政策也难以解决这些问题。

我们可以学习意大利在语言保护方面的立法经验，尽快制定完善少数民族语言保护的法律法规，细化规则规定，完善配套措施，保障少数民族语言健康良性发展。

（二）普及双语（多语）教学，提升国家语言问题的处理能力

语言政策作为民族政策的一个重要部分，它的正确与否直接关乎民族团结。南欧国家与我国情况相似，也是典型的多民族、多方言国家，在其历史进程中采取了既相对稳定又复杂多变的语言政策，其借鉴意义不容小觑。通过探索南欧各国的语言政策与规划，借鉴其处理语言问题的经验教训，有利于国家在制定语言政策时有效避免语言歧视和语言冲突，从而促进多语言平衡发展，进而推动多民族和谐共处。

意大利少数民族地区的教学大致有两个特点：一是注重教学方法的优化，教育部鼓励开展一些实验性项目，提倡教学的科学性和适用性；二是增强教师的作用，重视教师教学技能的培训和教师队伍的更新。我国目前双语课程的教学为了切实推进双语教学，我们应当以下几方面着手推进工作：①编纂更适合少数民族语言特色、符合生活情景的教科书，加强针对性，提升教材的编写水平。②鼓励、资助少数民族地区的高校、研究机构开展更丰富的研究项目，鼓励少数民族语言理论的创新和发展，挖掘少数民族语言的宝贵资源。③推进教学方法和教学模式的革新，鼓励创新型教学，探索和发展更为科学合理、更适合民族特色的教学技巧。④完善改进多层次的少数民族双语教学体系，开设更多的双语教学学校，创造更多的双语教学机会。⑤培养少数民族师资队伍，提升教师待遇，完善教师培养和成长体系，为少数民族双语教学教师提供充足的升职机会，建立一支高水平的教师队伍。

（三）推广汉语的对外传播，扩大汉语的影响力，提升国际话语权

意大利政府部门负责制定语言政策和明确发展目标，而政策的执行往往由有官方背景的学术机构和大学去执行，这既可以达成国家战略目标，又可以以文化交流的方式彰显自己的非政治性和独立性，实现意大利语国际推广效果的最大化。而纵观西班牙全球语言推广历程，不难发现其中的语言帝国主义特色

及后殖民主义色彩。但其语言推广依托国家发展战略，展开多方协作，丰富传播主体，拓宽传播渠道，以文化传播带动语言传播等方面的成功经验是值得学习的，可为汉语国际推广提供参考和借鉴。在我们积极倡导文化自信、推动中华文化走向世界的今天，西班牙语言对外推广的成功经验也为汉语国际传播提供了新的启示。将汉语国际推广列入国家发展战略，从国家层面制定汉语推广的政策和方针，扩大汉语的影响力，进而提升国家的软实力及国际话语权；重视海外华人组织及华人力量，加强民间合作与多国联动，促进形成华语圈；充分发挥孔子学院的语言推广职能，加强对外汉语师资队伍建设；统筹孔子学院与其他部门的工作对接，明确定位分工，合理调配和运用资源，建立科学的汉语国际推广体系；充分利用多媒体平台和信息技术，拓宽汉语传播渠道；开展覆盖面广、内容多样的中华文化推广活动，讲好中国故事，传播好中国声音，提高汉语和中华文化的感召力和公信力，以此带动全球汉语学习热潮。

三、研究价值和社会效益

（一）学术价值

第一，通过描述南欧国家语言生活、语言使用状况，语言变化等，有助于深入解读南欧国家的语言生态，可为生态语言学理论提供南欧国家案例，以验证和完善该理论谱系。

第二，可以从南欧国家不同维度的语言政策和语言使用情况，透视该国家和地区的语言、权力与意识形态关系、语言权势与民族的社会地位，从而丰富社会语言学的研究内容。本书基于此研究为起点，将在对编辑国家语言政策及语言使用习惯手册时，纳入南欧国家和地区的家庭语言、社区语言、民族语言等研究，汇总各个国家的语言状况，撰写各国语言志。

第三，分析南欧国家现行的语言政策、语言保护立法、移民语言政策、双语及多语教育政策与规划及其驱动因素，可为国别语言政策与规划提供案例，以丰富和完善该研究体系，同时有助于带动对南欧其他国家的语言政策研究，如葡萄牙、罗马尼亚等国家；或有助于不同欧洲国家和地区之间的语言政策比较研究。

第四，本书基于对不同历史时期的南欧国家代表意大利、西班牙的语言政策和语言规划的变迁的分析，探索各少数民族之间的关系，以实例的形式为我国语言规划学和南欧国家民族学积累学科资料，进而促进学科发展。

（二）应用价值

第一，研究南欧各国的语言政策和语言生活及其蕴含的历史记忆、社会意识形态，可为我国外语人才培养提供可资借鉴的决策咨询。

第二，可从南欧国家基于多语主义的语言规划的实施效果中总结经验和教训，为我国制定恰当的语言政策提供借鉴，进而促进我国多语言的和谐发展及民族间的团结统一。

第三，促进对南欧国家语言情况和民情的了解，为"一带一路"倡议在南欧的实施及共建"中欧命运共同体"提供语言的辅助与支撑，推动我国与该地区进行文化、教育、政治、经济等方面的交流与合作。

第四，维护民族团结和国家统一。语言与身份认同、民族认同及国家认同联系密切，对南欧国家民众的探索研究可发现其人民的语言态度及语言认同，进而反应语言使用群体的社会心态。参考意大利、西班牙的少数群体语言保护政策，有助于国家在制定语言政策时平衡国家通用语言和少数民族语种之间的关系，从而促进多民族和谐相处、共同发展。

第五，服务于国家战略，增进对南欧国家的了解。语言政策是国家公共政策的重要组成部分，语言使用习惯反映语言主体所处的社会意识形态及其文化习惯。因此，深刻解读南欧国家语言政策及语言生活蕴含的历史记忆、社会意识形态、民族关系、国家认同与民族心态，揭示语言对南欧国家社会发展产生的作用，有利于中国在与这些国家打交道时遵守对方的语言政策和语言习惯，更好地建设"一带一路"和构建"中欧命运共同体"。深入了解南欧国家语言政策的制定与实施对理解南欧国家和地区语言使用习惯、文化习惯乃至社会意识形态大有益处。

（三）社会效益

第一，深入了解南欧国家的语言政策可为语言规划研究提供国别案例，为南欧国家的社会语言学研究提供思路。

第二，描述南欧国家宏观语言政策及历史沿革，南欧国家语言使用状况和语言生态，可对我国相关外语教学提供启示。

第三，正确理解南欧国家的语情与民情有助于减少理解误差，有助于深入了解南欧国家语言意识形态以及背后所隐含的意识形态。

第四，运用语言学视角对南欧国家语言政策进行话语分析，在语言政策文本分析中，多维度、动态地解读南欧国家语言政策，以期对国家语言政策的话语分析起到一定的启示作用。

第五，结合实例对南欧国家语言政策的成效进行分析。通过对南欧国家官方语言推广的成效分析，南欧国家语言对欧盟语言政策的影响，区域性及少数语言推广的成效分析（西班牙语、意大利语），以及如何促进语言学习、语言保护和语言多样性的作用，在语言实例分析的基础上，从不同维度阐释南欧国家语言政策及其蕴含的意识形态意义，深化对制定和实施语言政策的概念化过程的理解，以期为语言政策的话语研究提供参考。

第六，总结南欧国家语言政策与规划发展过程中的经验教训，可对国家制定语言政策提供参考建议。

参 考 文 献

[1] 戴曼纯. 国家语言能力、语言规划与国家安全 [J]. 语言文字应用, 2011（4）: 34.

[2] 戴曼纯. 国别语言政策研究的意义及制约因素 [J]. 外语教学, 2018（3）: 39.

[3] 范淑燕. 意大利保护少数族群语言政策与措施的研究 [D]. 北京: 对外经济贸易大学, 2011.

[4] 哈正利, 杨佳琦. 国外少数民族语言保护经验及启示 [J]. 广西民族研究, 2012（2）: 189-193.

[5] 克里斯托弗. 剑桥意大利史 [M]. 达根, 邵嘉骏, 沈慧慧, 译. 北京: 新星出版社, 2009.

[6] 孔江平, 王茂林. 语言生态研究的意义、现状及方法 [J]. 暨南学报（哲学社会科学版）, 2016（6）: 3.

[7] 李宝贵, 史官圣, 魏宇航. 意大利少数民族语言保护政策及其启示 [J]. 大连大学学报, 2018, 39（4）: 5.

[8] 李宝贵, 史官圣. 意大利语言政策的演进及其特点 [J]. 辽宁师范大学学报（社会科学版）, 2019, 42（1）: 6.

[9] 李宝贵, 姜晓真. 意大利华人青少年汉语语言态度及语言使用情况调查研究——以米兰 ZAPPA 高中为例 [J]. 云南师范大学学报（对外汉语教学与

研究版），2017，15（1）：39-49.

[10] 李宝贵，庄瑶瑶 . 意大利的言语社区规划及其启示 [J]. 大连海事大学学报（社会科学版），2018，17（5）：120-127.

[11] 刘建 . 西班牙语在世界各地的推广 [J]. 国际汉语教学动态与研究，2005（2）：45.

[12] 陆经生，陈旦娜 . 语言测试与语言传播：以西班牙语全球传播战略为例 [J]. 外语教学与研究，2016，48（5）：745-754.

[13] 郭彬彬 . 批评认知视角下的环境新闻语篇话语策略研究 [M]. 北京：人民日报出版社，2017.

[14] 宋晓平 . 列国志：阿根廷 [M]. 北京：社会科学文献出版社，2010.

[15] 苏·赖特 . 语言政策与语言规划——从民族主义到全球化 [M]. 陈新仁，译 . 北京：商务印书馆，2012.

[16] 田鹏 . 认同视角下的欧盟语言政策研究 [D]. 上海：上海外国语大学，2010.

[17] 图亚 . 西藏、新疆、内蒙古三个自治区语言立法现状与完善 [D]. 呼和浩特：内蒙古大学，2014.

[18] 张海虹 . 浅析意大利的近现代移民现象 [J]. 韶关学院学报·社会科学，2006，27（1）：65.

[19] 张天伟，高新宁 . 语言政策的话语研究路向：理论、方法与框架——高考外语改革政策的批评认知案例研究 [J]. 外语研究，2017，34（6）：19-25.

[20] 张西平，柳若梅 . 世界主要国家语言推广政策概览 [M]. 北京：外语教学与研究出版社，2001.

[21] 张永奋 . 意大利的母语教育 [J]. 语文建设，2007（12）：3.

[22] 周庆生 . 国外语言政策与语言规划进程 [M]. 北京：语文出版社，2001.

[23] 周玉忠 . 语言规划与语言政策：理论与国别研究 [M]. 北京：中国社会科

学出版社，2004.

[24] Thomas A. Modern Italy's Changing Language and Its Role in Nationalism[M]. Baptist: Ouchita Baptist University, 2015.

[25] Aline S. Minority Language Protection in Italy: Linguistic Minorities and the Media[J]. Journal of Contemporary European Research, 2008, 4(4):165-166.

[26] Wand A. History and Heimat: Navigating German-speakers' (language) identity in Italy's South Tyrol province[J]. Groningen, 2016, 289: 26-28.

[27] Tosi A. The Language Situation in Italy, Current Issues in Language Planning[J]. Studi di glottodidattica, 2004, 5(3):247-335.

[28] Avolio F. Lingue e Dialetti d'Italia[M]. Roma: Carocci, 2015.

[29] Balboni P E. Storia Dell'educazione Linguistica in Italia: Dalla Legge Casati Alla Riforma Gelmini[M]. Milan: UTET Università, 2009.

[30] Barakos E, Unger J W. Discursive Approaches to Language Policy[M]. London: Palgrave Macmillan, 2016.

[31] Barakos E. Language Policy and Critical Discourse Studies: Toward a Combined Approach[C]. London: Palgrave Macmillan, 2016.

[32] Bucholtz M. Identity and Interaction: A Sociocultural Linguistic Approach[J]. Discourse Studies, 2005, 7(405): 585-614.

[33] Robustelli C. Language Policy in Italy: The Role of National Institutions. National Language Institutions and National Languages[M]. Budapest: Hungarian Academy of Sciences, 2018.

[34] Chilton P. Analysing Political Discourse: Theory and Practice[M]. London: Routledge, 2004.

[35] Coluzzi P. Minority Language Planning and Micronationalism in Italy: The Cases of Lombardy and Friuli[J]. Journal of Multilingual and Multicultural Development, 2006, 27(6): 457.

[36] Consiglio della Provincia Autonoma di Trento[EB/OL]. [2018-14-15]. https://www.consiglio.provincia.tn.it/presso-il-consiglio/Autorita-per-le-minoranze-linguistiche/Documents/RELAZIONE_ANNUALE_2018.pdf.

[37] Consiglio della Provincia Autonoma di Trento[EB/OL]. [2018-01-08]. https://www.consiglio.provincia.tn.it/presso-il-consiglio/Autorita-per-le-minoranze-linguistiche/Documents/RELAZIONE_ANNUALE_2018.pdf.

[38] Costituzione della Repubblica Italiana[EB/OL]. [2017-08-11]. https://www.senato.it/documenti/repository/istituzione/costituzione.

[39] Coulmas F. The Handbook of Sociolinguistics[C]. Oxford: Blackwell Publisher, 1998.

[40] Council of Europe. European Charter for Regional or Minority Languages, Explanatory Report, ETS No. 148[EB/OL]. [2019-06-01].http://conventions.coe.int/Treaty/EN/Reports/Html/148.htm.

[41] DE Cock B. Instituciones españolas de cara a la difusión de la lengua: con atención particular a la situación en Bélgica, Estados Unidos y Canadá[J]. Bulletin hispanique,2008, 110(2): 681-724.

[42] Mauro D, Tullio. Storia Linguistica dell'Italia Unita[M]. Bari-Roma: Laterza, 1991.

[43] DEL Valle J. Panhispanismo e Hispanofonía: Breve Historia de dos Ideologías Siamesas[J]. Sociolinguistic Studies, 2011, 5(3): 465-484.

[44] DI Sabato B, Cinganotto L, Cuccurullo D. IL profilo dell' insegnante di Lingue nell' era del CLIL[J]. Coonan CM, 2018,499:518.

[45] DI Sabato B. La Didattica delle Lingue in Lingua Straniera: Resoconto di Un' esperienza in Ambiente Universitario[J]. Studi di Glottodidattica, 2009,3(2): 35-47.

[46] Saccardo D. La Politica Linguistica Nella Scuola Italiana[J]. Le lingue in

Italia,le Lingue in Europa: Dove Siamo, Dove Andiamo, 2016,6(43): 44.

[47] Duggan C A. Concise History of Italy[M]. Cambridge: University Press, 2012.

[48] Costanzo E. Language Education(Educazione Linguistica) in Italy, An Experience That Could Benefit Europe[M]. Strasbourg:Council of Europe,2003.

[49] European Confederation of Language Centres in Higher Education. Position Statement on Language Policy in Higher Education in Europe[EB/OL]. [2017-08-11]. https://www.cercles.org.

[50] Europeans and Languages. Special Eurobarometer. [EB/OL]. [2018-04-09]. http://ec.europa.eu/public_opinion/archives/ebs/ebs_243_en.

[51] Fairclough N. Analysing Discourse: Textual Analysis for Social Research[M]. London and New York: Routledge, 2003.

[52] Toso F. Quante e Quali Minoranze in Italia[M]. Roma:Treccani, 2011.

[53] Firpo E, Sanfelici L. La Visione Eteroglossica del Bilinguismo: Spagnolo Lingua d'Origine e Italstudio[M]. Milano: LED Edizioni, 2016.

[54] Ekaterina G, Vladimir P. Salentino Dialect, Griko and Regional Italian:Linguistic Diversity of Salento[J]. Working Papers of the Linguistics Circle of the University of Victoria, 2013, 3(4):16-18.

[55] Habermas J. Communication and the Evolution of Society[M]. Boston: Beacon Press, 1979.

[56] Habermas J. Knowledge and Human Interests[M]. Cambridge: Polity Press, 1987.

[57] Hart C. Discourse, Grammar and Ideology: Functional and Cognitive Perspectives [M]. London: Bloomsbury, 2014.

[58] Hornberger N H. Selecting Appropriate Research Methods in LPP Research:

Methodological Rich Points [C].Malden MA: Wiley-Blackwell, 2015.

[59] Hult F M, Johnson D C. Research Methods in Language Policy and Planning: A Practical Guide [C]. Malden, MA: Wiley-Blackwell, 2015.

[60] Hult F M. Discursive Approaches to Policy[C].Cham: Springer Internatinal Publishing, 2017.

[61] Icsmilan. ICSMilan Language Policy. [EB/OL].[2021-07-23]. https:// resources.finalsite.net/images/v1623070182/icsmilancom/ofnwuciffsmuwx akuhmf/LanguagePolicy.

[62] ISTAT. L'evoluzione Demografica dell'Italia[EB/OL]. [2020-05-13]. https://www.istat.it/it/files/2019/01/evoluzione-demografica-1861-2018-testo. pdf.2019.

[63] ISTAT. Report Uso Italiano Dialetti Altre Lingue[EB/OL]. [2015-10-10].https://www.istat.it/it/files/2017/12/Report_Uso-italiano_dialetti_ altrelingue_2015.pdf.2017.

[64] ISTAT. L'uso della Lingua Italiana, dei Daletti e delle Lingue Straniere [M]. Roma: Centro Diffusione Dati, 2017.

[65] Italian Canadian Youth Formation Centre. Ottawaitalianschool. [EB/OL]. [2021-03-16]. https://www.ottawaitalianschool.org/about.

[66] Acillona J, Pablo. Los Centros Culturales Educativos en el Exterior[M].La Dirección General de Relaciones Culturales Científicas. Madrid: Ministerio de Asuntos Exteriores,1998.

[67] Johnson D C, Ricento T. Conceptual and Theoretical Perspectives in Language Policy and Planning: Situating The Ethnography of Language Policy[J].International Journal of The Sociology of Language, 2013,4(2):78-79.

[68] Johnson D C. Critical Discourse Analysis and The Ethnography of

Languagepolicy[J]. Critical Discourse Studies, 2011, 8(4): 267-269.

[69] Johnson D C. Language Policy[M]. New York: Palgrave Macmillan, 2013.

[70] Johnson D C. Theoretical Foundations[C] //Barakos E, Unger J W. Discursive Approaches to Language Policy. London: Plagrave Macmillan, 2016.

[71] Johnson D C. Language Policy and Planning Research: Theories Methods and Findings[R]// Shanghai University of Finance and Economics, 2017.

[72] Toquereau J. A Much-Awaited Exhibition for the Week of the Italian Language in the World[J]. Monaco-Tribune.2018,5(4):35-36.

[73] Cecilia R. Language Policy in Italy: The Role of National Institutions[M]. Milano: Feltrinelli, 2018.

[74] Lauria D, M L García. Instrumentos Lingüísticos Académicos y Norma Estándar del Español: La Nueva Política Lingüística Panhispánica[J]. Lexis, 2009, 33(1):49-89.

[75] Lawton R. Language Policy and Ideology in the United States: A Critical Discursive Analysis of the 'English Only' Movement [D]. Lancaster University, 2011.

[76] Lawton R. A Critical Integrated Approach to Language Policy ad Discursive Action: Strengths, Challenges, And Opportunities[C]// E Barakos, J W Unger. Discursive Approaches to Language Policy. London: Palgrave Macmillan, 2016.

[77] Leone A R. Outlooks in Italy: CLIL as Language Education Policy. Working Papers in Educational Linguistics [C]. Milano:Feltrinelli, 2015.

[78] Love S, Varghese M M. Race, Language, and Schooling in Italy's Immigrant Policies, Public Discourses, and Pedagogies[J]. International Journal ofMulticultural Education, 2012, 3(4):89-90.

[79] Lucatorto A. Insegnamento Bilingue: Problema o Risorsa? Dalle Esperienze

Passate Agli Studenti Stranieri in Italia[J]. Studi di glottodidattica, 2009,1(1): 68-79.

[80] Bonaffini L. Translating Dialect Literature[J].World Literature Today, 1997, 2: 279-88.//Abby Thomas. Modern Italys Changing Language and Its Role in Nationalism[DB/OL]. [2020-06-10]. Ouchita Baptist University, 2015.

[81] Ková M. Lingua e Potere[M]. Roma: La Politica Linguistica del Fascismo, 2015.

[82] Barni M, Bagna C. Immigrant Languages in Italy. Multilingual Europe: Facts and Policies[M]. Berlin, New York: De Gruyter Mouton, 2008: 293-314.

[83] Moreno-fernández F. Nuevos Instrumentos en la Planificación Lingüística del Español: Ortografías, Gramáticas, Diccionarios... y más[C]//Actas del II Simposio José Carlos Lisboa de didáctica del Español Como Lengua Extranjera del Instituto Cervantes de Río de Janeiro,2005.

[84] Mortimer K S. Language Policy as Metapragmatic Discourse: A Focus on the Intersection of Language Policy and Social Identification [C]//Barakos E, Unger J W. Discursive Approaches to Language Policy. London: Palgrave Macmillan, 2016.

[85] Mortimer K S. Discursive Perspectives on Language Policy and Planning[C]// Wortham S, Kim D, May S. Discourse and Education. Cham: Springer International Publishing, 2017.

[86] Pérez-izaguirre E, Cenoz J. Immigrant students' minority language learning: An analysis of language ideologies[J]. Ethnography and Education, 2021, 16(2):145-162.

[87] Cannistraro P V. Mussolini's Cultural Revolution: Fascist or Nationalist?[J]. Journal of Contemporary History 1972,7(3/4): 130.

[88] Pollozhani E. Language Shift among the Arbereshe of Italy[J]. European

Journal of Language and Literature, 2019,5(1): 46-51.

[89] Ponte A S. La Política Lingüística Panhispánica y sus Nuevos Instrumentos de Difusión Ideológica[J]. Revista Digital de Políticas Lingüísticas (RDPL), 2019(11): 88-104.

[90] Regione Autonoma Trentino-Alto Adige. Statuto speciale per il Trentino Alto Adige[EB/OL]. [2017-3-4]. http://www.regione.taa.it/Moduli/933_Statuto2017.pdf.

[91] Reisigl M, Wodak R. The Discourse Historical Approach [C]. London : Palgrave Macmillan, 2009.

[92] Ricento T. Historical and Theoretical Perspectives in Language Policy and Planning [J]. Journal of Sociolinguistics, 2000, 4(2): 196-213.

[93] Ricento T. An Introduction to Language Policy: Theory and Method[C]. Malden, MA: Blackwell Publishing, 2006.

[94] Ricento T. Commentary[C]// Barakos E, Unger J W. Discursive Approaches to Language Policy. London: Palgrave Macmillan, 2016.

[95] Robustellia, Cecilia. National Language Institutions and National Languages[M].Budapest: Research, 2018.

[96] Der S Van Jeught. The Protection of Linguistic Minorities in Italy: A Clean Break with the Past [J]. Journal on Ethnopolitics and Minority Issues in Europe, 2016,1(1):57-81.

[97] Sánchez, Aquilino. Política de Difusión del Español[J].International Journal of the Sociology of Language, 1992,4(5): 52.

[98] Savski K. State Language Policy in Time and Space: Meaning, Transformation, Recontextualization[C]// Barakos E, Unger J W. Discursive Approaches to Language Policy. London: Palgrave Macmillan, 2016.

[99] Shohamy E. Language Policy: Hidden Agendas and New Approaches[M].

London and New York: Routledge, 2006.

[100] Marchetti S. Opinion: Why Italians Have a Hard Time Learning English –
and How Things Could Improve[J]. Studi e Saggi linguistici. 2021,3(4):19-
20.

[101] Statuto Speciale per la Valle D'aosta [2017-08-11]. http://www.consiglio.
vda.it/app/statuto.

[102] Swiss federalism. Switzerland and Graubünden for the Promotion of Italian
and Romansh. [EB/OL].[2021-06-05]. https://swissfederalism.ch/en/
switzerland-and-graubunden-for-the-promotion-of-italian-and-romansh.

[103] Tollefson J W. Planning Language, Planning Inequality: Language Policy in
the Community [M]. London: Longaman, 1991.

[104] Tollefson J W. Critical Theory in Language Policy[C]//T Ricento. An
Introduction to Language Policy: Theory and Method. Malden, MA:
Blackwell Publishing, 2006.

[105] de Tullio Mauro. Storia Linguistica dell'Italia Unita[M]. Bologna: Il
Mulino, 2009.

[106] Wodak R, Savski K. Critical Discourse-ethnographic Approaches to
Language Policy[C]// J W Tollefson, M P Milans, Handbook of Language
Policy and Planning. Oxford: OUP,2017.

[107] Wodak R. Linguistic Analysis in Language Policies[C]// T Ricento. An
Introduction to language Policy: Theory and Method. Malden, MA:
Blackwell Publishing, 2006.

[108] Xiao L. Engaging Language Policy from Macro-to-micro-level: Migration
and Language in Europe[J]. Language and Education, 2018, 32(5):391-393.

[109] 意大利共和国参议院. Legge 15 Dicembre 1999, n.482[EB/OL]. (1999). www.
camera.it/parlam/leggi/994821.htm

[110] 意大利共和国参议院 . Norme in Materia di Tutela delle Minoranze Linguistiche Storiche[EB/OL]. (1999). https://senato.it/application/xmanager/projects/ leg18/file/lavori_preparat_n_8.pdf